Superando Você Mesmo

O QUE FAZEM OS BEM-SUCEDIDOS
DO MUNDO PARA VENDER MAIS E MELHOR

Maurício Góis

Superando Você Mesmo

O QUE FAZEM OS BEM-SUCEDIDOS
DO MUNDO PARA VENDER MAIS E MELHOR

MADRAS

© 2005, Madras Editora Ltda.

Editor:
Wagner Veneziani Costa

Ilustração da Capa:
Leonardo Perez

Revisão:
Wilson Ryoji
Afonso de Oliveira Barbosa
Miriam Rachel Ansarah Russo Terayama

CIP-BRASIL. CATALOGAÇÃO-NA-FONTE
SINDICATO NACIONAL DOS EDITORES DE LIVROS, RJ.

G557s

Góis, Maurício,
Superando Você Mesmo: O que fazem os bem-sucedidos do mundo para vender mais e melhor/ Maurício Góis. - São Paulo: Madras, 2005

ISBN 85-7374-688-2

1. Auto-realização (Psicologia). 2. Persuasão (Psicologia). 3. Sucesso nos negócios. I. Título.

03-2576.   CDD 158.1
                                             CDU 159.947

01.12.03   04.12.03   004966

Proibida a reprodução total ou parcial desta obra, de qualquer forma ou por qualquer meio eletrônico, mecânico, inclusive por meio de processos xerográficos, incluindo ainda o uso da internet, sem a permissão expressa da Madras Editora, na pessoa de seu editor (Lei nº 9.610, de 19.2.98).

Todos os direitos desta edição reservados pela

MADRAS EDITORA LTDA.
Rua Paulo Gonçalves, 88 — Santana
02403-020 — São Paulo — SP
Caixa Postal 12299 — CEP 02013-970 — SP
Tel.: (0_ _11) 6959.1127 — Fax: (0_ _11) 6959.3090
www.madras.com.br

DEDICATÓRIA

Dedico este livro a todos aqueles que:
—acham que vender é quebra-galho
—pensam que vender é falar bonito
—dizem que vendas é para quem fracassou em outras profissões
—acreditam que vender é dom
—comentam que vender é difícil

E para todos aqueles que já perceberam que vender
é atingir seu desempenho máximo
e deixar a chama da superação
aquecer seu coração
e iluminar seu cliente.

ÍNDICE

—Para Você, Campeão! 10
—Objetivos deste livro 11

CAPÍTULO 1: SUPERANDO VOCÊ MESMO
1. As 14 Posturas das Pessoas Bem-Sucedidas 12
2. A Lenda do Vendedor Campeão 16
3. O Vendedor e o Pijama Curto 17

CAPÍTULO 2: COMO ATINGIR A SUPERAÇÃO EM VENDAS COM APENAS UM QUOCIENTE DE INTELIGÊNCIA 9
4. Como Ser o Maior Vendedor do Mundo com um QI 9 19
5. O Vendedor Qualquer 21

CAPÍTULO 3: NOS TRILHOS DA SUPERAÇÃO
6. Esqueça que Você Vende Produtos 22
7. As três Piadas Trágicas do Vendedor Ordinário 27
8. A História do Vendedor que não Gostava de Beijar 27
9. A Demonstração Samba do Crioulo Doido 28

CAPÍTULO 4: OS ATRIBUTOS DA SUPERAÇÃO
10. As Características do Sucesso em Vendas Através dos Tempos 30
11. Quem é o Melhor Vendedor do Mundo? 33

CAPÍTULO 5: A SUPERAÇÃO DE INÍCIO, MEIO E FIM
12. Guia Prático do Êxito Completo em Vendas 35
13. Auto-Epitáfio 38

CAPÍTULO 6: AS PALAVRAS MAIS PODEROSAS DO MUNDO PARA A SUPERAÇÃO EM VENDAS
14. As 20 Palavras mais Vendedoras do Mundo 39
15. Palavras Mágicas que Ajudam a Vender 44

CAPÍTULO 7: SUPERANDO-SE COM OS VERBOS QUE MAIS DÃO CERTO PARA CONVENCER
16. Os 14 Verbos da Venda Convincente 48

CAPÍTULO 8: OS MAIS FUNCIONAIS ARGUMENTOS PARA VOCÊ SE SUPERAR EM VENDAS
17. Os 14 Argumentos mais Fortes do Mundo 51

CAPÍTULO 9: SUPERANDO LIMITES COM A TÁTICA DOS CAMPEÕES
18. Os 19 Anzóis mágicos da Venda 56

CAPÍTULO 10: SUPERANDO SUAS FALHAS
19. As 32 Maiores Falhas dos Vendedores e como Corrigi-las 63
20. Os 10 Aviões Terroristas das Vendas 70

CAPÍTULO 11: OS INIMIGOS DA SUPERAÇÃO: LIVRE-SE DELES
21. Os 20 Bandidos da Venda 74
22. O Ninho Maldito das Vendas 78

CAPÍTULO 12: AS LEIS DA SUPERAÇÃO
23. As Leis que Transformam Profissionais Comuns em Vencedores Incomuns 81
24. Cliente Difícil 83

CAPÍTULO 13: COMO SUPERAR VENDAS RUINS USANDO ÓTIMOS BENEFÍCIOS
25. Como Vender um Cachorro para quem não Gosta de Cachorros 84
Cinco Conclusões nada Caninas desta História do Cachorro 86

CAPÍTULO 14: SUPERANDO DESAFIOS COM AS 10 MELHORES TÉCNICAS DE VENDA DE TODOS OS TEMPOS
26. Conheça essa Pesquisa Inédita e Aumente suas Vendas 87
27. O Pulo do Gato dos Campeões 101

CAPÍTULO 15: SUPERAÇÃO TEM APENAS UMA LETRA
28. Os 22 C´s da Venda Execelente 110

CAPÍTULO 16: SUPERANDO OBJEÇÕES PARA VOCÊ ATINGIR O SEU MÁXIMO
29. As 7 Mentiras sobre Objeções que Fazem quase todo Mundo Perder Dinheiro 116
30. As Objeções e as 5 Decisões do Ato de Comprar 118
31. Por que os Vendedores Surdos Negociam mais 120
32. Responda Objeções Usando Apenas Seis Verbos de Ouro 122

CAPÍTULO 17: COMO SUPERAR OBJEÇÕES COM AS MELHORES TÉCNICAS
33. A Espetacular Técnica de Responder Objeções Fazendo Perguntas ... 125
34. As Quatro Maneiras Inteligentes de Responder Objeções 127

35. O que Fazer para Vender sem dar Descontos na Década da Descontomania 129

CAPÍTULO 18: AS NOVAS FERRAMENTAS PARA SUPERAR OBJEÇÕES
36. A Neurolingüística e as Objeções 132
37. A Inteligência Emocional e as Objeções de Vendas 133
38. Inteligências Múltiplas e as Objeções 135
39. Objeções e Planejamento Estratégico 138
40. Os três Segredos do *Marketing* para Responder Objeções 140

CAPÍTULO 19: A ARTE DE SE SUPERAR "VENDENDO" SEU PREÇO
41. Seu Preço é o Melhor do Mundo 143
42. A Técnica Matemática para Responder Objeções de Preço 145
43. Como Transformar seu Preço em Argumentos que Vendem 147

CAPÍTULO 20: PARA SE SUPERAR EM VENDAS VOCÊ PRECISA APENAS DE UM PROCESSO DIAGNÓSTICO INTELIGENTE
44. As Sete Ações Criativas do Vendedor Positivo 152

CAPÍTULO 21: A SUPERAÇÃO NÃO TEM SEXO
45. Vendedora, Você é Demais! 157

CAPÍTULO 22: VÁ ALÉM DA SUPERAÇÃO
46. A História do Peixinho que Aprendeu a Respirar Fora D'Água 160
47. Pare de ser Sincero 162
48. Supere a si Mesmo com Quatro Taxas Fantásticas 164
49. Siga o Maior do Universo: Se Jesus Fosse Vendedor 166

Para Você, Campeão!

Este livro é a realização de um sonho.

Há muito tempo que penso em mostrar os recursos usados pelos bem-sucedidos do mundo para atingir a superação em vendas.

Se você já é profissional de vendas, este livro vai lhe mostrar muitas novidades.

Se você nunca vendeu, este é o seu manual de sobrevivência na nova selva persuasiva.

Aqui estão textos inéditos e também os melhores artigos que escrevi para a revista *Venda Mais*, porém, muitos deles, foram atualizados e ampliados.

Você conhecerá as 20 palavras mais vendedoras do mundo, os 14 verbos mais persuasivos e os 14 argumentos que mais dão certo para ter sucesso continuado na arte de convencer.

Saberá também quais as 32 maiores falhas cometidas pelos vendedores e quais as melhores técnicas de venda de todos os tempos.

O título *Superando Você Mesmo* foi escolhido porque entendemos que não há superação sem que alguém venda alguma coisa. Não há vendas sem solução de problemas. Não há solução de problemas sem diagnósticos inteligentes. E nada disso acontece sem preparação. E não há preparação sem a busca incessante pelo crescimento. O livro começa com "Superando você mesmo", que é a primeira e a melhor das superações: a pessoal, e termina no Capítulo 22, pregando a necessidade de ir além dos limites.

Apenas didaticamente, dei o nome de "técnicas" de venda (termo já consagrado pelo público) aos recursos, segredos, habilidades ou estratégias da arte de convencer.

Vou gostar muito de receber um *e-mail* seu, contando-me os resultados que conseguiu com a leitura deste livro.

Que você desperte o campeão de vendas que há dentro de você — esse é meu propósito.

Que você atinja além do topo do sucesso em vendas — é o meu fanático desejo.

Maurício Góis
contato@mauriciogois.com.br

OBJETIVOS ESTE LIVRO

Há quatro tipos de profissionais no Planeta Vendas:
1. Os superados
2. Os que não conseguem se superar
3. Os que não desejam a superação
4. Os insuperáveis

A pergunta *não* é: — Em qual desses grupos você se enquadra?

A questão é: — O que você deve fazer agora para ultrapassar seus limites?

E o que saber para continuar insuperável?

Espero que, ao final deste livro, você tenha encontrado as ferramentas certas para isso e os recursos disparadores da sua excelência e sucesso nesta maravilhosa arte e ciência de vender.

Maurício Góis

Capítulo 1

Superando Você Mesmo

As 14 Posturas das Pessoas Bem-Sucedidas

Antes de ser excelente por fora você precisa ser excelente por dentro.

Ser um profissional de qualidade é 10% Conhecimento, 10% Habilidade e 80% Atitude. Para atingir sua superação profissional, a primeira coisa a fazer é conhecer as posturas vencedoras das pessoas bem-sucedidas em vendas. Faça isso agora e entre para o clube dos campeões disputados no mercado.

ERA UMA VEZ um vendedor chamado de Profissional Qualquer.

Ele se esforçava para ser melhor, mas seus resultados eram muito ruins.

Um dia, ele estava andando pela estrada feia do desemprego, quando avistou um velho de barbas brancas com uma pasta na mão e foi logo perguntando: — Perdoe-me a curiosidade. O senhor tem toda a aparência de vencedor mas... não entendo... o senhor deve ter mais de 100 anos!

— Muito mais — respondeu o velho — muito mais. Eu sou a competência profissional e...

— Competência profissional? — surpreendeu-se o Profissional Qualquer... mas como?

— Eu sou a Excelência em Ação, o Poder do Êxito, eu sou o Midas da Assertividade, pois tudo em que toco transformo em resultados, sou a Alavanca do Triunfo, a Força da Prosperidade, o Máximo em otimização de talentos, mas, se quiser, pode me chamar de o senhor da Postura...

— Senhor da Postura! Por favor, explique-me seus segredos — clamou o Profissional Qualquer, beliscando-se para saber se tudo aquilo era sonho ou realidade.

—Bem — continuou o velho —, eu vou tirar desta pasta 14 cartazes pequenos. Espalhe-os em toda a sua casa: quarto, banheiro, cozinha, copa e, ao sair para trabalhar, leia cada um deles em voz alta. Em 14 dias você será um profissional proativo e assertivo. Os textos dos cartazes são esses:

1. A Postura da Águia
Tenho auto-estima de vencedor.
Tenho auto-imagem de campeão.
A melhor empresa do mundo é a minha.
O melhor trabalho do mundo é o meu.
O melhor produto do mundo é o meu.
Os melhores preço e prazo do mundo são os meus.
O cliente acredita porque eu acredito.
Jamais me desqualifico, pois sei que
não importa o ninho se o ovo é de águia.

2. A Postura do Empenho
Treino meu potencial e meu empenho vira desempenho.
Invisto em mim e o que é comum vira incomum
e o ordinário transforma-se em extraordinário.
Sempre faço perguntas táticas que geram emoção de competência.
Jamais digo: Será que eu chego lá?
Pergunto sempre: De que jeito eu chego lá?

3. A Postura do Foco Assertivo
Consigo o que quero ajudando pessoas a conseguir o que elas querem.
Quanto mais eu penso nos clientes — mais dinheiro ganho.
Quanto mais eu penso no dinheiro — mais perco os clientes.
Quanto mais eu penso em mim, mais as pessoas me rejeitam.
Quanto mais eu penso nos outros, mais subo na vida.

4. A Postura do Ouvido Consultor
Ouço mais e falo menos, por isso, tenho uma boca e dois ouvidos.
Ouço para compreender, não para responder. Ouço idéias, não palavras.
Ouço ativamente. Escuto dinamicamente. Falo empaticamente.
Muitas vezes, não sei resolver o problema dos outros, mas eu ouço e,
depois, digo: — Você se supera, é maior que seu problema!, — pois o
clamor das pessoas é: Eu só quero quem me escute!

5. A Postura da Fita Métrica
Transformo meus sonhos em objetivos.
Divido meus objetivos em pequenas metas,
e transformo cada meta em ação produtiva mensurável.
Quantifico tudo. Entendo que se um resultado não puder ser medido
não é tão importante assim. Valorizo os controles estatísticos que
são o espelho de meu progresso profissional.

6. A Postura da Segunda Milha

Faço mais que a obrigação.
Quanto mais eu trabalho, mais "sorte" tenho.
Dou sempre um passo a mais, quando estou cansado.
Sigo a regra Lombardi: O cansaço faz-nos covardes.
Meu lema: Funcionários precisam funcionar,
por isso eu funciono mais e melhor em meu atendimento.

7. A Postura das Energias Inquietantes

Tenho fome de auto-superação.
Meu combustível é o entusiasmo.
Nunca desisto, sou teimoso e positivo.
Entendo que só qualidade pessoal gera qualidade profissional.
O bom-humor mantém-me produtivo e forte em relações humanas.
E relação mais produção é o que mantém minha saúde e meu emprego.

8. A Postura da Derrota aos Fantasmas

Sou maior que meu medo. Ele aparece, mas não prevalece.
Venço o medo, fazendo o que temo. O medo é um preconceito
de nervos e um preconceito se desfaz — basta uma reflexão,
já dizia Machado de Assis.

9. A Postura da Nova Flexibilidade

Tenho mente aberta para novos conhecimentos. Sou flexível.
Ao mesmo tempo que tenho idéias novas, sei escapar das antigas.
Sou veloz para não desaparecer e ágil para não empobrecer.
Transformo dados em informações. Transformo informações em conhecimentos, pois sei que com capital intelectual, disciplina, automotivação, ousadia, determinação e ética eu chego além do topo da empregabilidade ou do empreendedorismo.

10. A Postura do Detalhe

Penso grande, mas nunca desprezo as pequenas ações.
Ninguém esmaga gigantes e, sim, formigas.
Ninguém tropeça no Himalaia ou nos Andes e, sim, nos
pedregulhos das estradas. É o detalhe que me foge que faz
fugir a excelência. A competência está nos pequenos detalhes.
Vencer é crescer gradativamente, aos pedaços.
Superação não é eu fazer algo extraordinário,
É eu realizar só um pouquinho melhor o que já faço tão bem todo dia.

11. A Postura do Relógio

Administro meu tempo. Ponho coisas no tempo e tempo nas coisas.
Calendarizo tudo. O importante não é saber o que fazer, e sim,
o que fazer primeiro. Ser vencedor é administrar prioridades.
Por isso, nunca perco o foco. Sou seta, não círculo.

12. A Postura das Correções

Eu nunca fracasso, apenas encontro maneiras que não funcionam e
transformo tudo em estratégias para eu desviar rotas e atingir a excelência.
Eu erro, mas não sou os meus erros.
Eu fracasso, mas não sou um fracasso.
Eu estou com preguiça, mas não sou preguiçoso.
Eu estou triste, mas não sou a tristeza.
Eu estou feio, mas não sou a feiúra.
Eu estou deprimido, mas não sou a depressão.

13. A Postura do Deslumbramento

Meu desafio diário é seduzir clientes internos (colegas)
e externos (os lá de fora que pagam a conta) e não apenas atendê-los.
Sou um profissional do encantamento e um gerador de resultados.
Ajo como um centro de lucros para minha empresa.
Eu nunca peço recursos — sou o recurso.

14. A Postura da Espiritualidade

Conheço todas as técnicas para executar meu trabalho, mas sei que
amar não é uma delas. Amar é uma entrega; por isso, trabalho com
paixão e comprometimento. Quando estou em depressão, oro ao Eterno.
Quando falha a auto-ajuda, peço a ajuda do Alto,
pois sei que paz na excelência não é caminhar *para* o Eterno,
é caminhar *com* o Eterno. Com paz não tenho estresse.
E sem estresse sou mais produtivo e feliz. E sendo feliz eu cresço
na empresa porque as pessoas gostam de estar perto de gente feliz.

O velho entregou os 14 cartazes da Postura e desapareceu na estrada.
Jamais alguém o encontrou de novo.
Até hoje, quando conta essa história, indaga o deslumbrado Profissional Qualquer: — Quem era aquele velho? O Anjo da Excelência? O Príncipe da Motivação? Algum guru da nova administração? O Sábio da Assertividade? Um Zé das Emoções Competentes? O Maior Vendedor do Mundo? Bem, não importa. A única coisa que se sabe é que, depois daquele encontro estranho, nunca mais aquele funcionário foi chamado de Profissional Qualquer.
Aconteceu com ele.
Pode acontecer com você.

A Lenda do Vendedor Campeão

Agora que você já tem as 14 posturas dos campeões, é preciso dar dois passos a mais: para ser um Profissional Gerador de Lucros e superar-se na arte de vender e vencer, você precisa conhecer os dois segredos do Maior Vendedor do Mundo

ERA UMA VEZ um Grande Sábio que era um Gerente de Vendas de Sucesso.

Ele tinha sido também o Maior Vendedor do Mundo no País dos Clientes Deslumbrados.

Sua fama de sedutor de Clientes corria longe em todos os continentes.

Um dia, ele foi procurado por um Vendedor Iniciante que, ao vê-lo, beija-lhe reverentemente as mãos e pergunta: Ó, grande Mestre, qual é o maior Segredo do Sucesso em Vendas? Que mágica eu devo fazer para ficar rico com a Arte de Vender? Qual a Maior Técnica de Venda do Mundo?

E o grande Sábio, sereno como sempre, olha amorosamente para o Aprendiz de Campeão e diz: — Não tem mágica nenhuma, meu filho. O segredo resume-se em duas coisas: IR e FICAR.

— IR e FICAR? — surpreendeu-se o Iniciante —, mas o que quer dizer IR? Por acaso é Imposto de Renda? Impulso de Rei? Influência Retórica? Informação Rápida? Introdução Retumbante?

— Nada disso! — continuou o Sábio das Vendas. IR quer dizer IR mesmo. Significa IR em busca do Cliente, tirar o rabo da Cadeira e IR onde a Competitividade está, fazer MAIS visitas, pois o comodismo e o conformismo são dois dos maiores inimigos daqueles que querem vencer em Vendas. IR quer dizer IR buscar cada dia mais informações sobre o Cliente para atendê-lo melhor, transformando Iniciativa em Faturamento, Pré-Venda em Venda, Preguiça em Resultados e Energia em Desempenho.

— E FICAR, mestre, o que quer dizer? — questiona, curioso, o futuro Campeão.

— Bem — concluiu o sábio —, depois do IR ao encontro do Cliente como uma seta de amor, produzindo encantamento, agora, é necessário FICAR e...

— Ah!, sim, já entendi!, — interrompeu o Iniciante. Por acaso FICAR é uma sigla que significa *Federação dos Intocáveis Campeões dos Argumentadores Ricos?*

— Nada disso! — finalizou o Sábio. FICAR quer dizer FICAR mesmo. Significa FICAR na Atenção do Cliente. FICAR na memória dele como alguém que o ajudou a ser melhor, que lhe apontou o Sol, que lhe abriu novos caminhos. FICAR significa ficar dentro do Cérebro Emocional (Mente Afetiva) dele como alguém que o amou como pessoa e o respeitou como ser humano. FICAR quer dizer que, mesmo depois da Venda feita e você ter ganho o dinheiro, não se esqueceu dele. FICAR quer dizer FICAR no conceito de todos como alguém que transforma Contato em Resultados, Clientes em Adeptos e Necessidades em Soluções prazerosas.

Mas não se esqueça, meu filho, que, para FICAR, você precisa primeiro IR. Para ficar rico em vendas você precisa primeiro agir. Primeiro a Ação, depois o Resultado. Mas, por outro lado, pense assim: use a imaginação a seu favor. Os campeões são aqueles que imaginaram que já ficaram, mesmo antes de ter ido. É preciso acreditar que vai dar certo, ter auto-imagem positiva para sentir grande, pensar alto e agir rápido. Pensando assim, você vai FICAR melhor para IR melhor. FICAR melhor para IR melhor e só IR se for para FICAR — esses são os dois lemas dos vendedores vencedores.

Hoje o sábio não existe mais. Ele voou para o Céu dos Vendedores Felizes, mas o Vendedor Iniciante nunca mais o esqueceu.

Ele é hoje um grande Profissional de Vendas Gerador de Lucros em sua empresa.

Ele se tornou um estrategista na Arte de fazer as pessoas conseguirem realizar o que elas querem. Ele aprendeu a Arte da AÇÃO (IR) e da REAÇÃO (FICAR).

Ele se chama VONTADE DE VENDER E ENCANTAR.

O Vendedor e o Pijama Curto

Com as 14 posturas e os dois segredos, você já tem a base e a matéria-prima da superação. Mas para chegar ao topo da superação — vendendo mais e melhor — vença primeiro na mente

ERA UMA VEZ um vendedor muito tímido.

Ele vendia sei-lá-o-quê: um seguro de saúde, ou uma coleção sobre guerras, ou cosméticos para homens, ou decoração de mansão, ou farda militar, ou um produto industrial qualquer. Bem, não importa, ele simplesmente vendia alguma coisa (ou fazia uma força danada para vender!).

Mas era tímido de doer.

Tinha medo de gente, de si mesmo, dos outros, era inibido, introvertido, inseguro, carente, fraco (e outros adjetivos do mesmo calibre morfológico).

Um dia, ele bateu à porta de uma enorme mansão.

Qual não foi sua surpresa quando veio atendê-lo — imagine quem! — um Marechal. Isso mesmo, um Marechal com farda, divisas, completinho da silva como manda o figurino do nobre exército ao qual pertencia.

O vendedor ficou pasmo. E cadê a voz que saía? Gaguejou, tremeu, encurvou-se, encurtou-se, enfim, era muito prá cabeça dele fazer uma demonstração/exposição logo prá quem. Um Marechal!

Acontece que o Marechal estava nos seus melhores dias e, compreendendo a situação de sufoco do nobre profissional da pasta, convida-o para entrar, oferece-lhe o café, descontrai e acalma o coitadinho, ouve-lhe o monólogo sofredor e acaba comprando sei-lá-o quê do desastrado candidato a Zé Ninguém.

Conversaram mais um pouquinho, assistiram ao *Jornal Nacional* e, como já era tarde e chovia e o vendedor morava lá no quinto dos infernos, e em outra cidade vizinha e precisaria estar cedinho de volta, o Marechal convidou-o a pernoitar na mansão. E no quarto de hóspedes.

Tarde da noite, o vendedor acordou com o telefone que tocava na sala. Observou pela porta semi-aberta do quarto que o Marechal foi atender com um pijama curto que mais parecia uma cueca do tempo do onça.

Pela conversa, o vendedor pôde concluir que a voz do outro lado dizia: — Sim, senhor Marechal, sim, senhor Marechal, sim, senhor Marechal, e da maneira mais respeitosa e solene possível.

E foi aí que o vendedor tímido ficou a pensar: — Se o indivíduo que fala com o Marechal pelo telefone pudesse vê-lo num traje assim, longe dos símbolos de seu poder e autoridade, com este pijama curto e esta barriga de sapo feio, será que iria tratá-lo desta maneira tão reverentemente tímida e tão desigual como o tratou?

E, por fim, concluiu:

Há sempre um pijama curto debaixo de todo Marechal.

Neste ponto, eu e ele somos iguais.

Nunca mais terei medo de gente.

Todos nós somos pó e ao pó nos tornaremos.

Um pó pode chegar até a Marechal. Outro pó torna-se vendedor, mas todos somos pós importantes. Não existe pó negro, branco ou amarelo. Existe pó medroso.

Todos nós nascemos pelados. Alguns chegam a ser Marechais. Outros se tornam vendedores. Mas todos nascemos pelados e temos uma missão importante: vestir a roupa da coragem de mudar para vencer beneficiando pessoas.

Marechais ficam velhos, vendedores também.

Na hora do leito de morte, um vendedor clama a Deus. Mas um Marechal também.

Um Marechal tem fardas e divisas, mas, eu, vendedor, também tenho. Minhas fardas são a empresa e os produtos. Minhas divisas são a iniciativa, o impulso para a vitória e a fé em Deus. Meu exército é meu mercado. Minha munição são os argumentos. Meu troféu são meus fiéis Clientes encantados.

Sucesso é mudar paradigmas e dar um passo além do medo.

No outro dia, o vendedor levantou-se para triunfar no campo, porque já tinha vencido na mente.

Capítulo 2

Como Atingir a Superação com Apenas um Quociente de Inteligência 9

Para se superar em vendas, não adianta se apossar das 14 atitudes, ter os dois segredos e ter vencido na mente. É preciso ser estratégico e partir para a relação com pessoas. E, para isso, não se desqualifique, não se sinta inferior, pois, afinal, você precisa apenas de um QI 9.

Como Ser o Maior Vendedor do Mundo com um QI 9

Os maiores Campeões de Vendas de Todos os Tempos reuniram-se no Olimpo para discutir qual deles era o melhor de todos. O grande chefe disse: — O melhor de todos será aquele que tiver o maior QI e vocês sabem que o QI médio dos vendedores lá na Terra é de 110 a 120, mas aqui dentro só tem chance de ganhar quem tiver QI acima de mil... E então, quem quer falar primeiro?

E foi aí que o vendedor brasileiro levantou-se e disse: — Bem, mais de mil eu não tenho não, porque nunca precisei. Na verdade, eu sempre vendi lá no Brasil, com um QI 9.

— QI 9? — exclamaram todos —, mas como isto é possível? Até os idiotas, os imbecis e os débeis mentais têm um QI maior que esse!

— Bem — continuou o vendedor brasileiro —, eu sempre vendi em cima de 9 (nove) tipos de QI. Querem ver?

1. QI — Qual Inteligência

— É claro: eu sempre procurei saber que tipo de inteligência tinha, se era verbal, abstrata, espacial, corporal, interpessoal, etc., para poder direcionar minhas reais possibilidades e resultados e para não trabalhar com estresse ferindo meu potencial e performance.

2. QI — Quem Indica

— Este é um dos mais importantes QI's do Brasil. É preciso saber quem detém o poder, quem decide ou até quem é *lobby* na empresa. Além do mais, eu sempre trabalhei baseado em indicações quentes. Criei até um banco de dados que, depois, transformei em informações preciosas.

3. QI — Quem Informa

— Por exemplo: para visitar uma empresa sempre procurei saber quem me transmite informações seguras sobre ela: a situação econômica, a personalidade dos dirigentes, quais necessidades possuem, quem são os concorrente etc.

Muitas vezes (pasmem!) era o porteiro e o *office-boy* que me mostravam o caminho.

4. QI — Quem Impede

— Ora, se dentro de uma empresa eu conseguir saber quem é o "carne de pescoço", e fizer amizades com esses bloqueadores naturais, é claro que minhas metas serão atingidas mais cedo. E sem medo.

5. QI — Quem Incorpora

— Agora eu preciso saber quem compra, quem usa, quem testa, pois nem sempre quem compra é quem incorpora o produto.

6. QI — Quê Irrita

— Para vender sempre mais, preciso saber o quê me irrita no processo da negociação, quais são minhas travas pessoais e até quanto elas me impedem de chegar onde quero.

7. QI — Quê Impulsiona

— Este é o meu mais poderoso QI. Sempre procurei saber o quê me impulsiona ao sucesso, me automotiva e me empurra sempre para cima.

8. QI — Quem Instrui

— Este, sim, era meu segredo. Sempre procurei saber quem instrui sobre Técnicas de Vendas e *Marketing*, quem ensina sobre como vender em tempos turbulentos. Sempre freqüentei os treinamentos da empresa e participava com muito entusiasmo.

9. QI — Quê Interessa

— Sabe, senhores — concluiu o nosso vendedor —, eu não sei se este negócio de ter um alto QI vale alguma coisa em vendas, mesmo porque a coisa que eu sabia mesmo era localizar necessidades e problemas e apresentar soluções com excelência, estreitar relacionamentos duradouros com os clientes e ganhar dinheiro com uma negociação ganha-ganha. E isso é a única coisa... que interessa.

O vendedor brasileiro foi aplaudido de pé.
E foi eleito o CAMPEÃO DOS CAMPEÕES.

O Vendedor Qualquer

Ele é um vendedor qualquer
Vende um produto qualquer
de um *marketing* qualquer

Ele faz uma visita qualquer
Usa um argumento qualquer
Tirado de um cérebro qualquer.
Ele tem um gerente qualquer
de uma equipe de vendas qualquer
que recebeu um treinamento qualquer

Mas acontece
que eu não sou um Cliente qualquer
Não tenho um sentimento qualquer
Não ganho um dinheiro qualquer
E não tenho uma opção de compra qualquer.
Por isso, quando ele abrir seu papo qualquer
Eu vou dar uma desculpa qualquer
que o jogará numa rua qualquer
de um desânimo qualquer.

Maurício Góis

Capítulo 3

Nos Trilhos da Superação

Esqueça que Você Vende Produtos

Até agora você já avançou alguns degraus importantes para se tornar um campeão de vendas. Já incorporou as 14 Posturas ou Atitudes dos vencedores. Já sabe que é preciso ir e ficar. Já entendeu que com apenas alguns QIs você atinge seu máximo. Agora, o próximo passo é você entender que os bem-sucedidos em vendas não focam a oferta e, sim, as necessidades do cliente. Os que se superam em vendas não vendem produtos. Ora, o que vendem, então?

Quer aumentar as vendas de sua empresa? Quer ter mais lucros? Uma das maneiras é lembrar que nenhum cliente compra produtos. Mas, então, o que eles adquirem? Entre no cérebro do cliente e ouça o que ele está pensando. Ouça o monólogo abaixo e lucre:

1. Eu não quero comprar geladeiras

Isso mesmo. Eu quero comprar o melhor sabor dos alimentos conservados... quero comprar a saúde de não comer contaminações... quero comprar a segurança de ter em casa mais alimentos que minha capacidade de consumir... o sorvete derretendo na boca... quero comprar decoração e combinação dos móveis... Menos consumo de energia por hora/uso...

2. Eu não quero comprar sapatos

Eu quero comprar os outros me dizendo que sou uma pessoa que sabe onde pisa, que conhece caminhos... quero comprar a energia positiva por ter um calçado que combine com minha roupa... a desinibição que terei por me sentir bem da cabeça aos pés... a entrevista feliz que darei por estar despreocupado com a elegância... quero comprar conforto no andar..., quero comprar o elogio das pessoas chamando-me de elegante... quero comprar menos dinheiro por "metro andado"...

3. Eu não quero comprar camas

Eu quero comprar sonhos maravilhosos... o doce recarregar de minhas baterias energéticas mentais... uma coluna saudável e correta... a recuperação da vida... eu e meu filho de 4 anos pulando na cama sem quebrá-la... o calor do amor...

4. Eu não quero comprar barraca de *camping*

Eu quero comprar o cântico dos pássaros... a descontração com meus amigos no almoço festivo... a saúde que conquistarei... a corrida no bosque... as milhares de estrelas que testemunharão meu mergulho na cachoeira... quero comprar o abraço de minha mulher na originalidade do amor na barraca... o conforto de estar de bermuda e não de paletó e gravata...

5. Eu não quero comprar motos

Eu quero comprar economia com combustível... a certeza de estacionar fácil em qualquer lugar... a mão da garota-carona em minha barriga... a curtição do vento tropical batendo em meu peito... a certeza de que não terei congestionamento na vida...

6. Eu não quero comprar brinquedos

Eu quero comprar um sorriso de felicidade no rosto de meu filho... a voz linda dele me dizendo: "Superpai, você é demais!"... Eu quero comprar algo que desenvolva a inteligência de meu filho e a certeza de que ele não estará nas ruas com más companhias por falta de "aventuras" dentro de nosso lar... a união familiar...

7. Eu não quero comprar televisores

Eu quero comprar o grito de meus amigos no gol do Brasil... quero comprar diversão... a família rindo na sala... *relax* das tensões... informação... passatempo...

8. Eu não quero comprar arquivos

Eu quero comprar uma nova ordenação para minhas idéias... a rapidez de encontrar documentos... uma melhor administração para meu tempo... a comodidade que a ausência do estresse oferece por causa da desorganização... o armazenamento de informações que agilizam minha eficácia...

9. Eu não quero comprar livros

Eu quero comprar "viagens" a novos países que a leitura proporciona... a dinâmica ascensão profissional em meu projeto de carreira... a admiração do filho que tem um pai que responde a todas as perguntas... horas de lazer...

Entendeu, senhor vendedor? É isso que eu quero comprar. Por isso, não me venda produtos, nem serviços, nem coisas, nem características. Dialogue comigo, ouça a voz de minhas necessidades, conheça meus sonhos, respeite minhas fantasias e você irá além do Atendimento.

10. Eu não quero comprar alimento vegetariano

Eu quero comprar a certeza de que não ficarei doente por causa da química que há nos alimentos não-naturais... Eu quero comprar longevidade com saúde... Eu quero comprar mais anos em minha vida e mais vida em meus anos... Eu quero comprar mais energia por dia vivido... mais sabor nos alimentos... ausência de intoxicações que provocam doenças até oncológicas...

11. Eu não quero comprar pneus

Eu quero comprar mais lucros por quilômetro rodado... a certeza de que não ficarei no meio de uma rua deserta para ser assaltado com um carro com pneus furados... Eu quero comprar segurança para minha família... maior aderência nas curvas...

12. Eu não quero comprar tratores

Eu quero comprar mais colheitas por hora trabalhada... maior lucro por venda de cereais... menor custo operacional nas máquinas... ausência de trabalhadores que faltam ao serviço e me deixam na mão... economia em encargos sociais, legais e trabalhistas... a certeza de que serei um fazendeiro de sucessos e até presidente de minha cooperativa... fácil manutenção e reposição de peças... ausência de corrosão nos tanques, etc.

13. Eu não quero comprar bolas de futebol

Eu quero comprar mais chutes por vida útil da pelota... a certeza de que, correndo, minha barriga feia e gorda irá desaparecer e ficarei parecido com um atleta elegante... Eu quero comprar os amigos da galera gritando meu nome depois do gol esticando a rede... Eu quero comprar a ausência de estresse que o futebol proporciona...

14. Eu não quero comprar anúncios de publicidade

Eu quero comprar minha empresa aumentando sua fatia de participação de mercado e vencendo a concorrência... Eu quero comprar mais retorno por centímetro de página... Eu quero comprar mais tráfego de Clientes dentro de minha empresa...

15. Eu não quero comprar óculos

Eu quero comprar um nova visão... a ausência de dores de cabeça por causa de armações que pesam no nariz... Eu quero comprar um rosto mais bonito com algo que destaque minha aparência física... Eu quero comprar leveza e conforto...

16. Eu não quero comprar ar-condicionado

Eu quero comprar a certeza de que estarei bem fechado em minha privacidade, porém, confortavelmente... o ar do campo dentro do apartamento em minha selva de pedra... reuniões mais produtivas em minha empresa por causa do ambiente físico favorável...

17. Eu não quero comprar fechaduras

Eu quero comprar a segurança de que o ladrão vai bater com a cara na porta e dizer: "Essa não dá para arrombar!"... Eu quero comprar o detalhe que valoriza minha casa... que me dá *status*... que me dá a satisfação de morar bem...

18. Eu não quero comprar uma casa na praia

Eu quero comprar a energia e a bênção do Sol... Eu quero comprar férias incríveis... A onda alta passando debaixo de minha prancha... o sorriso de meu filho construindo castelos na areia... A satisfação de que enterrarei as preocupações de minha vida profissional... de que esquecerei a carranca de meu chefe chato... de que ficarei queimadinho e bonitão quando chegar ao trabalho... de que renovarei as energias para novas lutas... de que estarei premiando minha mulher pelo sacrifício que ela tem de cuidar de três crianças peraltas... do *status* que conseguirei por ser visto como alguém bem de vida... o auto-elogio que dou, dizendo: "Você se sacrifica o ano todo, logo você merece essa casa"...

19. Eu não quero comprar cursos

Eu quero comprar excelência, eficácia, crescimento profissional... Eu quero comprar chances de melhores empregos... ascensão a novos cargos e promoções... Eu quero comprar idéias de sucesso... conhecimentos, habilidades e atitudes campeãs...

20. Eu não quero comprar um imóvel

Eu quero comprar localização... estar perto de tudo que é útil e bom... a idéia de fugir do aluguel... segurança para minha família... Eu quero comprar oportunidades de investimento... alto valor de revenda... baixa prestação... *status*...

21. Eu não quero comprar cadeiras

Eu quero comprar um sentar macio... a idéia de que não terei uma velhice encurvada por causa do encosto anatômico da cadeira que respeita minha coluna... Eu quero comprar o elogio que terei por saber decorar minha casa... descontração e lazer... conforto...

22. Eu não quero comprar lâmpadas

Eu quero comprar economia com energia elétrica... Eu quero comprar mais luzes iluminando todos os lados da página do livro que estou lendo... Eu quero comprar mais e melhor brilho por hora de iluminação... Eu quero comprar testas não machucadas que batem em portas por causa da má iluminação...

23. Eu não quero comprar jornais

Eu quero comprar atualização... reciclagem... estar por dentro das coisas que acontecem no planeta... Eu quero comprar a admiração que as pessoas terão por mim pelos comentários que farei nos jantares que freqüentarei... Eu quero comprar informações que me levarão para cima...

24. Eu não quero comprar ferramentas

Eu quero comprar o lucro que terei consertando coisas para os outros... Eu quero comprar a economia que terei por eu mesmo consertar as coisas sem precisar pagar profissionais especializados...

25. Eu não quero comprar roupas

Eu quero comprar elegância... o bom caimento... a certeza de que estando bem comigo mesmo, abrirei portas de sucesso que jamais se abririam se eu estivesse mal-vestido... Eu quero comprar o resultado final de lucro que estas portas abertas me darão... Eu quero comprar o abraço apertado da pessoa amada que me dirá: "Ficou uma beleza!"... Eu quero comprar aparência de triunfador...

POR FAVOR, SENHOR VENDEDOR, NÃO ME VENDA COISAS.

NÃO ME VENDA PRODUTOS.

NÃO ME VENDA CARACTERÍSTICAS.

As Três Piadas Trágicas do Vendedor Ordinário

Há vendedores que são extraordinários.
E há os que são ordinários.
Os extraordinários diagnosticam necessidades, desejos, problemas e preocupações e encaixam argumentos dirigidos específicos e especiais.

Já os ordinários apontam canhões de ouro em alvos de barro, isto é, eles transformam informações em necessidades (enquanto os extraordinários transformam necessidades em informações). Vamos ver três exemplos tragicômicos:

Acredite se quiser, aconteceu mesmo!

—Mas, eu não preciso de seu seguro de saúde —, disse o provável cliente, — agitadamente. O meu médico disse que eu tenho só três dias de vida e não passo desta segunda-feira, — concluiu nervosamente.

—Bem, — prosseguiu o vendedor ordinário —, façamos o seguinte: domingo agora haverá uma partida de futebol entre nossos associados. Aproximadamente 12.000 pessoas estarão no estádio. Se o senhor me der o pedido agora, solicito ao juiz da partida, antes do jogo, que pronuncie o seu nome em público e peça um minuto de silêncio em sua homenagem.

O moribundo assinou o pedido, chorando.

1. **MORAL DA HISTÓRIA:** O importante não é ser o vendedor de uma técnica só, é ter uma gama de recursos diferentes, pois haverá sempre um argumento de venda que se encaixará em cada tipo de Cliente e que funciona até mesmo na hora da morte. Ser polivalente nos três processos da venda (abordagem, refutação de objeções e fechamento) é a principal característica do Vendedor focado no Cliente.

2. **AMORAL DA HISTÓRIA:** Apelar às emoções, em muitos casos, dá mais certo que apelar à razão, mesmo porque o homem é um animal racional só quando as emoções autorizam.

3. **IMORAL DA HISTÓRIA:** Seguro não morreu de velho, mas vendedor não-ético está morrendo. Amém.

A História do Vendedor que não Gostava de Beijar

Falava o vendedor ordinário: — "Eu tenho mais de 37 argumentos científicos contra o beijo. Primeiro: é anti-higiênico. Segundo: o beijo provoca doenças, pois os bacteriologistas dizem que, dependendo da concentração salivar, pode até transmitir Aids. Terceiro: é imoral, concluíram alguns teólogos e..."

"Bem — interrompeu o Cliente —, você pode até estar certo, acontece que eu gosto de beijar, acho uma delícia, me dá um negócio gostoso na cabeça e às favas com sua ciência condenatória, eu vou continuar beijando..."

MORAL DA HISTÓRIA:

1. Em vendas, o importante não é o que você sabe e, sim, o que o Cliente gosta. Seguindo a linha de Levitt, miopia em vendas é você oferecer ao Cliente não o que ele quer, mas o que gostaria que quisesse.

2. Por mais poderosos que sejam os seus argumentos de venda, eles não devem ferir expectativas percebidas. Se o Cliente quer lixo e você oferece ouro, seus argumentos de vendas estão fora de foco. Ser poliperceptivo é a grande característica dos vendedores excelentes.

3. Quanto mais alto for o esforço de Vendas do profissional em procurar Clientes certos, é possível que mais baixo esteja sendo o esforço de *marketing* da empresa. Taí minha sugestão para você discutir em sua empresa: procurar Clientes potenciais e prospectivos é função do *marketing* ou do vendedor? O órgão (vendas) está dentro do corpo (*marketing*) ou o corpo está dentro do órgão?

A Demonstração Samba do Crioulo Doido

Dizia o vendedor entusiasmado: — A senhora nunca viu um copo de vidro fino como este. Ele é leve, durável, com transparência ampliante, *design* europeu, bonito, uma jóia em copos. E quer ver o melhor? Ele não quebra. E, para demonstrar o poder de impacto e alta resistibilidade do material, o vendedor deixa cair o copo no chão e... conforme tinha dito, não quebrou.

— Viu? — acrescentou, eufórico, — não quebra mesmo. Não é uma maravilha esse copo? Está interessada nele?

— NÃO! — foi a berrante resposta —, quem disse ao senhor que eu tenho o hábito de quebrar copos quando estou bebendo água?

SUA HISTÓRIA COM MORAL:

Antes de atirar argumentos, levante seu alvo.
Antes de levantar seu alvo, conheça seu Cliente..
Para conhecer seu Cliente, faça pesquisa de pré-venda.
Antes de fazer pesquisa, acredite que tudo vai dar certo.
Para que tudo dê certo, atire argumentos com endereços.
Antes de convencer, esteja convencido.
Para estar convencido, conheça seu produto e seu Cliente.
Para vender mais, saiba que o amor é melhor que o conhecimento.

Se você fizer com amor, será um vendedor extra.
Dará um passo extra além do medo da crise.
Fará uma leitura extra para crescer cada vez mais.
Terá uma atitude extra para avançar mais um pouco.
Experimentará a cada dia apenas mais uma tentativa extra.
Buscará em você mesmo uma energia extra.
Ousará um enfoque extra e bem inovador.
Encontrará um tempo extra para Clientes difíceis.
E, no final do mês, terá uma recompensa muito extra,
Porque em todos os dias você se transformou num vendedor extraordinário.

Capítulo 4

Os Atributos da Superação

As Características para o Sucesso em Vendas Através do Tempo

Agora que você já entrou na mente do Cliente para conhecer suas reais necessidades e desejos, o próximo passo é apossar-se dos atributos dos vencedores. Quais são?

Para entendermos os passos fundamentais para o êxito em vendas, é preciso que voltemos um pouco no tempo. Os vendedores da década de 60 eram ensinados que, para serem campeões, precisariam de três coisas básicas: 1. *Conhecimento do Produto*, 2. *Conhecer a milenar AIDA* (que significa até hoje *Chame a Atenção do Cliente, Transforme a Atenção em Interesse, Desperte o Desejo* e caneta nele, isto é, *Ação Física de Fechamento*) e 3. *Ser Simpático*. Pois bem. Veio a década de 70 e a pregação de vendas modificou-se. As três características fundamentais apregoadas foram: 1. *Conhecimento das Necessidades e Desejos do Cliente* (O que não queria dizer apenas Conhecimento do Produto), 2. *Entender as Decisões de Compra do Cliente* (o que desvalorizou um pouco a AIDA, pois passaram a ser importantes não os passos ou etapas que o vendedor deve passar, mas as cinco decisões do ato de comprar que o cliente tem de tomar, que são: Ter Necessidade ou Desejo, Aceitar o Produto/Serviço como capazes de satisfazer as Necessidades/Desejos, Confiar na Fonte fornecedora e seu Programa de Vendas, Entender que o Tempo para compra é agora e Achar que o Preço está certo) e 3. *Empatia* (que não tinha nada com a Simpatia da década de 60).

Mas veio a década de 80 e os passos do Sucesso mudariam de novo. Pregou-se que, para ter Sucesso em Vendas, você não precisaria de mil características, mas apenas de duas que eram *Empatia e Ego-Drive*. Empatia, *pathós* em grego, significa sintoma, colocar-se no sintoma do outro. O que é diferente de persuasão. Nesta, você argumenta; na empatia, sintoniza. Colocar a simpatia na frente da empatia continua até hoje como uma das maiores falhas dos profissionais da venda.

Empatia é você ver o outro com os olhos do outro. Mais do que isso: é ver-se com os olhos dos outros. Mais do que isso: é você bater os olhos numa pessoa e perceber dela o que ela percebe dela mesma. Mais do que isso: é você bater os olhos numa pessoa e perceber dela o que ela percebe do mundo à sua volta. Não adianta chegar para um Cliente em dia de chuva e dizer: — Como vai, senhor Carlos, que prazer em conhecê-lo pessoalmente, vejo que o senhor tem uma belíssima empresa e... "blablablá". Simpatia não vende sozinha. Agora, empatia, sim, abre portas e ajuda a vender. Diga ao Cliente: "Veja, senhor Bruno, eu demorei duas horas para conseguir chegar até aqui mas eu viria nem que demorasse sete horas porque o senhor é uma pessoa importante para mim e para minha empresa." A grande dica é: transforme frases de persuasão em frases de empatia. Ou, como já falamos, coloque a empatia primeiro, na frente da persuasão. Se o Cliente disser que o preço está alto, diga: "Sei como o senhor se sente. Eu também já me senti assim, mas houve um fato a respeito deste produto que me fez mudar de idéia e ficar entusiasmado por pessoas como o senhor." Se o cliente diz que o preço está caro, na persuasão você convence, mas, antes de convencer, você empatiza, você diz, por exemplo, " compreendo como o senhor se sente, eu também senti desse modo, mas vou lhe dizer a descoberta que fiz sobre esse produto que me fez ficar entusiasmado com ele a ponto de querer que o senhor o adquira...". Empatia é a arte de entender sentimentos e esse recurso nunca morrerá porque jamais as emoções desaparecerão nos seres humanos.

A outra característica pregada na década de 80 foi o *Ego-drive,* que significa fome de auto-superação, desejo de conquista, tônus vital, vontade de vender e vencer. Dizia-se que todas as características que você pudesse imaginar seriam variáveis destas duas. Exemplo: Capacidade de superar desafios, Iniciativa, Alta resistência à pressão, Habilidade de gerir o inesperado, etc., seriam, em outras palavras, o *ego-drive*, isto é, a capacidade de você ser o motorista do seu *Eu* em direção às metas de vida e venda. Mas os tempos mudariam de novo. Veio a década de 90 e o que se pregou foram três pontos fundamentais: 1. *Inteligência emocional* (para agüentar as pressões do dia-a-dia, para ter uma personalidade de relacionamentos duradouros e lucrativos e para saber administrar os sentimentos de frustração, etc.); 2. *Atualização Paradigmática*, isto é, modificar velhos conceitos de vendas que bloqueiam a inovação contínua como, por exemplo, acreditar que a única coisa que interessa em vendas é preço baixo e ponto final; e 3. *Predominância do Desejo de Ajudar sobre o de Ganhar*. Eu diria, entretanto, que a conclusão a que cheguei durante todos estes anos é que os três passos fundamentais para a Venda são: 1. *Impulso de Ego,* isto é, *Energia Motivacional.* O vendedor vencedor é o que tem energia para acordar cedo, para visitar com qualidade, para revisitar e fechar. Muitas vezes, pasmem, a falta de Energia está ligada aos hábitos alimentares e de vida. Uma recente pesquisa provou que vegetarianos têm mais Energia e mente serena que os "carnívoros". O segundo passo é *Disciplina.* Não adianta ter Energia se você não gosta de cumprir horários, de preencher relatórios, de atingir metas do *marketing,* etc. Sem Disciplina, a Energia se esvai. A terceira, para finalizar, é *Atrevimento Criador, Ousadia.* De nada adianta você ter Energia Motivacional para avançar, Disciplina para colocar a energia em ação, se você não for criativamente Ousado para tentar aquele enfoque diferente, para ver o comum de maneira incomum e tentar o fechamento por um ângulo novo. Sem Ousadia, a Disciplina vira rotina e tédio. É com estes três atributos que você atinge os gostosos Resultados da Excelência e do Desempenho Pessoal em Vendas.

Bem, mas o novo milênio já começou.

Que novas características serão necessárias para quem precisa pensar globalmente e agir localmente? Precisaremos voltar a ter o espírito dos pioneiros bandeirantes e retornar às origens? Haverá algum guru a nos informar que "descobrir necessidades já era"? Que "apresentar benefícios é coisa do passado"? Que "ser solucionador de problemas, gerador de soluções" é coisa de vendedor antigo? Que a venda face a face já está ultrapassada"? Que "fazer pré-venda e pós-venda" já está obsoleto? Que "encantar e deslumbrar clientes" não funciona mais? Que "praticar o *Marketing de relacionamento*" é coisa de nossos avós?

É claro que muita coisa vai mudar, mas, pense: novidade é a moda antiga redescoberta e reinventada. Em geral, uma novidade vai contra uma corrente atual ou que a sucedeu, mas vai se inspirar em coisas que já foram pensadas décadas ou até séculos atrás. Nada há de novo debaixo do sol, já dizia Salomão. Por fim, reflita comigo: só uma coisa permanecerá para todos os séculos: o Amor. Quem ama, pensa no outro. Quem ama, quer a satisfação do outro. Quem ama, não se aborrece com as objeções do outro. Quem ama, não quer tirar nada do outro, quer doar. Quem ama, entrega-se com paixão e eloqüência para o outro. Quem ama, tira Energia Motivacional do Amor, por isso não se cansa. Quem ama, visita mais, relaciona-se mais. Quem ama, quer dar benefícios para o Outro. O amor não é egoísta, por isso quem ama quer falar com o maior número de pessoas. Quem ama, não mede dificuldades, pois se concentra na conquista da alegria do cliente. Talvez os vendedores do futuro olharão para o passado e comentarão: "Puxa, os vendedores daquela época estavam tão preocupados em descobrir tantas características para ter sucesso em vendas... que pena! Eles não entenderam... para vender mais, bastava um só atributo, bastava amar...

Eles apelidavam-se de VENDEDOR... que coisa estranha vender a dor... nós somos diferentes... Nós nos chamamos de VENDAMOR...

Quem é o Melhor Vendedor do Mundo?

ATENÇÃO: para você atingir a superação em vendas, achamos o maior vendedor do mundo. Ele se chama... Ele mora lá na... bem, não importa, leia e você vai ficar sabendo quem é. Mas veja antes quais são as características dele:

1. O melhor vendedor do mundo é aquele que tem entusiasmo por Clientes e não pelo bolso das pessoas

Este é o segredo, é o começo de tudo. Quem tem entusiasmo por pessoas não vive o apagão motivacional, não fica dizendo por aí que "a coisa está feia por causa da guerra", que o cliente é um terrorista das objeções, etc. Ele é focado na energia da ação que dispara resultados. Ele sai para atingir o coração dos clientes e não apenas a carteira. Ele vende, não para ganhar, mas para fazer o cliente ganhar. E, por isso, ele sempre sai ganhando. É a base da negociação ganha-ganha.

2. O melhor vendedor do mundo não é o mais inteligente, nem o mais culto, nem o mais escolarizado, é o que tem iniciativa e comprometimento

Ele não fica parado esperando que as coisas lhe aconteçam, ou que o Governo mude para facilitar as coisas, ou que só encontre clientes "doidões" para comprar. Ele toma a iniciativa do contato, de argumentar, deslumbrar, de transformar problemas em desafios e de fechar a venda. Ele sabe que o mundo abre passagem para quem tem iniciativa inteligente. Iniciativa com comprometimento — eis o novo nome da vitória. Iniciativa sem comprometimento é cansaço, é estresse, é sofrimento. Comprometimento sem iniciativa é fracasso, é tristeza, é luta em vão. Mas comprometimento com iniciativa inteligente é começar o dia sabendo que já venceu.

3. O melhor vendedor do mundo é o que presta atenção aos detalhes

O detalhe é a diferença que faz a diferença. Às vezes, você perde uma venda por causa de um detalhe: maneira errada de se vestir, de combinar as roupas, de uma frase solta sem sentido, de um olhar sensual para uma secretária, da ansiedade de querer vender a qualquer custo, visando ao pedido e não à satisfação do cliente, etc. Um simples detalhe, como um sorriso artificial ou um olhar sem empatia, dificulta a venda. O melhor Vendedor do mundo é o rei dos detalhes.

4. O melhor vendedor do mundo é o que transforma pensamento negativo em positivo

O raciocínio do Vendedor vencedor é: Não importa o tamanho do pensamento negativo que irá aparecer em minha cabeça, eu sempre encontrarei dois motivos que transformarão esse "invasor mental" em pensamento positivo. Se alguém diz: "As pessoas estão sem dinheiro para comprar" (pensamento negativo), o Vendedor campeão transforma o que escuta em dois pensamentos positivos, assim: "Ótimo, se as pessoas estão sem dinheiro, é a minha chance de reforçar os benefícios do que vendo e de convencê-las que meus produtos/serviços são dinheiro vivo, pois economizam tempo do cliente (e tempo é dinheiro) e reduzem custos (e isso é dinheiro)... e por aí vai..." O maior Vendedor do Mundo sabe também que nada é pior do que pensar positivo e agir negativo. Por isso, ele é vencedor total.

5. O melhor vendedor do mundo acrescenta três argumentos novos por mês ao que vende

Três argumentos novos e poderosos por mês — esse é o alvo dos vendedores profissionais. Três argumentos novos por mês para cada produto/serviço que vender, são 36 argumentos fortes por ano. Acredita que, se você agir assim, ficará mais fácil vender? Pois é, o melhor Gerador de Lucros do Planeta sabe disso, por isso é encontrado além do topo da empregabilidade.

6. O melhor vendedor do mundo sabe que o fracasso é um acontecimento, não uma pessoa, como dizia Zig Ziglar

O fracasso é algo que aconteceu com você, mas não é você. Você erra, mas você não é os seus erros, você fracassa, mas você não é um fracasso. A vitória é o topo, a escada é o fracasso. Uma vitória é um sanduíche composto de dois fracassos e um sucesso no meio. Pensar assim é manter a mente direcionada para a vitória.

7. O melhor vendedor do mundo administra bem o seu tempo

Ele sabe que precisa tomar tempo para vender, mas não se esquece da família, de ouvir uma música relaxante, de ler textos motivacionais, assistir a um pôr-do-sol, de aproveitar os tempos de calma para revitalizar sua vida e sua venda, etc. Ele sabe que não basta colocar coisas no tempo, é preciso colocar tempo nas coisas. Viver é administrar prioridades.

Bem, nós achamos o melhor vendedor do mundo. Você acha que tem essas sete qualidades essenciais? Tem? Então, o melhor vendedor do mundo... é você.

Capítulo 5

A Superação de Início, Meio e Fim

Guia Prático do Êxito Completo em Vendas

Siga esses passos e você será um campeão

Você quer ser um profissional encantador de Clientes? Quer aumentar o seu coeficiente de fechamento? Então, entenda que não existe mais venda no mundo. O que existe é Pré-Venda e Pós-Venda. Comprar é conseqüência (eu disse comprar, não vender). Se for um estrategista nesses dois assuntos, o Cliente fará negócios com você. Mas, sem querer encher a sua paciência com definições teóricas, quero mostrar, na prática, quais são os caminhos essenciais desses três poderosos recursos para você voltar a crescer e ganhar mais dinheiro.

(Antes) Pré-Venda

Vender é você transformar informações em resultados. Então, como um campeão, saiba as 28 perguntas essenciais que precisa saber antes de fazer uma visita ou receber um cliente:

1. Sei o nome do cliente?
2. Ele é um cliente potencial, *suspect* ou *prospect*?
3. Sei o estado civil, sexo, religião, profissão, renda, tamanho da família, nome do cônjuge, data de aniversário dele, etc., se for necessário? Se não sei ainda, investi tempo no pré-*telemarketing* para ter essas informações com secretárias e demais pára-choques?
4. Estou entendendo Pré-Venda como, por exemplo, saber o time que ele torce e esquecendo coisas fatais do tipo "quanto ele gasta por hora por não adquirir de mim?"

5. Conheço as prováveis perguntas que ele fará? Sei as respostas?
6. O que ele provavelmente pensa de minha empresa, ou de mim ou do que eu vendo?
7. Que pontos de contato eu poderei começar falando a fim de criar sintonia e confiança logo de cara?
8. Estou preocupado apenas com O QUE ele deseja e esquecendo do principal que é POR QUÊ ele deseja? Sei O QUE É um cliente mais do que QUEM É o Cliente?
9. É um Cliente novo? Já tive contato com ele antes? Como foi?
10. Quais são os bloqueadores para ele comprar de mim?
11. Ele chegou até nós por intermédio de quem? Ou de qual mídia?
12. O que ele mais gosta de conversar? Quais os *hobbies* dele?
13. Que tipo de Pergunta Aberta posso fazer para este Cliente específico?
14. Do que ele mais se orgulha? (realizações, família, esportes, carros, etc.)
15. Há algo sobre ele que eu poderia começar citando como elogio? Ou como suporte proativo de apoio?
16. Ele é decisor ou influenciador? (Decide ou influencia a compra?)
17. Quais as preocupações específicas dele hoje?
18. Quais as necessidades dele? Expectativas? Alternativas?
19. Se for uma empresa: quais as dificuldades do negócio dele? E as oportunidades? E os desafios? E as tendências?
20. Qual a fatia do bolo de participação mercadológica dele (*market share*)? Ele é um concorrente líder, desafiador, seguidor ou explorador de nichos?
21. Quais são nossos interesses comuns e conflitantes?
22. Quais benefícios de meu produto e empresa caem como uma luva nele?
23. Como vou transformar esses benefícios em perguntas de interesse?
24. Que pontos de meus argumentos poderão ser comparados, na cabeça dele, com os de meus concorrentes?
25. Como posso chamar a atenção e transformá-la em interesse?
26. Minha postura, aparência e energia estão corretas para esse contato?
27. O que eu tenho de informações são números, estatísticas ou "achômetros"?
28. Vender é conseguir informações? Consegui?

(Durante) Venda

Vender é você transformar necessidades e problemas em soluções que seduzem. Para isso, responda às 22 perguntas básicas:

1. Sorrirei com os olhos e com o espírito para que ele perceba que estou feliz por estar na presença dele?

2. Que referência elogiosa baseada num mérito real posso dizer assim que abrir a boca?
3. Estou parando tudo que estou fazendo para atendê-lo como se ele fosse único?
4. Tenho tudo em mãos para tomar notas enquanto ele fala?
5. Estabeleci um clima amistoso com um energético *Bom-Dia*, um olhar de satisfação e um sorriso do tipo "que bom que você existe"?
6. Estou pronto para fazer com que o cliente fale primeiro?
7. Tenho preparada uma pergunta para que ele fale de si mesmo?
8. Eu planejei o ato de ouvir?
9. Estou pronto para repetir o que ele disser em forma de paráfrase e criando empatia?
10. Que alvo vou levantar antes de atirar argumentos?
11. Que benefício posso citar atingindo o alvo?
12. Como vou personalizar meus argumentos para ele?
13. Como vou posicionar minha empresa na mente dele?
14. Estou pronto para ouvir idéias em vez de palavras? Estou tecnicamente preparado a ouvir para compreender e não para responder?
15. Como manterei o foco? Vou me concentrar no ponto de maior interesse do cliente?
16. Estou pronto para agir como um consultor do cliente?
17. Lembrarei de repetir os pontos fortes dos argumentos?
18. Estou munido de cartas, *releases*, gráficos, testemunhas, depoimentos, etc. que provam o que eu digo?
19. Terei dureza mental para não aceitar um NÃO como resposta?
20. Tenho respostas para as prováveis objeções dele?
21. Saberei transformar as objeções dele em perguntas cujas respostas sejam SIM?
22. Tenho preparado dois ou três recursos para tentar o fechamento?

(Depois) Pós-Venda

Faça pós-venda sempre, porque na era da revolução você só chegará vivo ao ano 2020 se fidelizar clientes e se parar de ver a pósvenda como a pré-venda de uma segunda venda. Depois do contato, tendo vendido ou não, faça essas 18 perguntas fatais a você:
1. Eu tinha *mesmo* todas as informações sobre o cliente? Mesmo?
2. Eu ouvi o cliente ou apenas a corrente de meus próprios pensamentos?
3. Quando ele falou, eu elogiei? Descobri pontos de concordância?
4. Eu o interrompi, enquanto ele falava?
5. Usei algum argumento perna-de-pau?
6. Argumentei para convencer ou para impressionar? Expressar ou exibir?

7. Deixei alguma pergunta sem resposta?
8. Concentrei-me nos aspectos de seu maior interesse?
9. Inspirei confiança? Apeguei-me aos fatos? Exagerei na dose?
10. Entreguei a ele um cartão de visita com minha foto e informações?
11. Mantive postura proativa, isto é, passei a maior parte do tempo explorando oportunidades?
12. Transformei a objeção dele em uma pergunta cuja resposta seja SIM?
13. Elogiei "tecnicamente" o concorrente quando ele o citou como referência?
14. Deixei espaços vazios para o concorrente?
15. Fechei a venda com firmeza? Cadastrei o cliente?
16. Pedi novas referências e indicações?
17. Passado algum tempo, liguei para checar a satisfação ou apenas entendi que pós-venda é a pré-venda de uma segunda venda?
18. Coloquei em ação um CRM — Customer Relationship Management para criar fidelização ou só me preocupei em tirar o pedido?

Se seguir esses três passos, você notará que as vendas acontecerão.
Os maiores profissionais do planeta seguem um roteiro.
Se você seguir este, estará entre eles.
Sucesso!

Auto-Epitáfio

(dizeres encontrados no túmulo de um vendedor que, por viver tanto no desânimo, acabou no cemitério do fracasso)

>Eu visitei **não-sei-quem**
>Trabalhei **não-sei-porquê**
>Ganhei **não-sei-quanto**
>Minha técnica foi **não-sei-como**
>Meu caminho foi **não-sei-qual**
>Meu horizonte foi **não-sei-onde**
>Meu tempo foi **não-sei-quando**

>Meus objetivos de vida foram **não-sei-o-quê**
>Sabe,
>Eu assassinei o entusiasmo dentro de mim.
>Apodreci-me a cada entrevista
>Morri aos 37 anos
>Embora eu só tenha mesmo sido enterrado
>Aos 74.
>Você já me viu em algum lugar?
>Ou será que eu sou você?

Capítulo 6

As Palavras mais Poderosas do Mundo para a Superação em Vendas

As 20 Palavras mais Vendedoras do Mundo

Não há como galgar a montanha da superação sem aumentar suas vendas. E, para isso acontecer, é bom começar a usar imediatamente essas palavras poderosas. Elas são usadas pelos maiores vendedores do planeta.

— Ora, quer dizer que agora para vender é preciso usar palavras bonitas?

— Palavras bonitas, não! Palavras certas!

— Entenda isso e lucre: hoje, para ganhar mais dinheiro, você precisa de atitudes vencedoras, estratégias inovadoras, diagnósticos assertivos, vantagens competitivas, argumentos dirigidos, capital intelectual, energia motivacional, disciplina, ousadia, iniciativa e velocidade mas... se usar as palavras exatas, você chegará além do topo do sucesso.

Há muito tempo venho pesquisando essas palavras incríveis que podem ajudar os profissionais de vendas. Essa pesquisa mostrou que, para a realidade européia, americana e brasileira, as 20 palavras mais vendedoras do planeta são praticamente as mesmas:

1. Nome

Nunca converse com um cliente sem citar o nome dele várias vezes, pois é o som mais doce para uma pessoa. Parece óbvio, mas, há vendedores que ficam horas a fio com um cliente e só perguntam o nome dele na hora de preencher o pedido. Quer vender mais? Pronuncie o nome do cliente com um tom de veludo vocal e sorrindo com os olhos. Você não vende para uma entidade cósmica e, sim, para uma mente com um rosto. Para guardar nomes, use o método do Dale Carnegie: IRA — Impressão, Repetição e Associação.

2. Diminuir/Eliminar/Evitar

Segundo nossa pesquisa, essas três palavras estão em segundo lugar no topo das mais vendedoras de todos os tempos. Não importa o que você vende, diga ao cliente: "Meu produto *elimina* os atritos em até 17%... Ele *diminui* os índices de refugo e sucata em 9%... Este mecanismo *evita* as perdas com eletricidade... Meu serviço *elimina* suas dores de cabeça na área de..." Levante o problema do cliente e diga a seguir: "Para *evitar* isso é que eu estou aqui." Afinal, você é um detetive de necessidades e um apresentador de alternativas de soluções.

3. Como

É a terceira palavra mais vendedora do mundo. Ela serve para abordar, refutar clientes e fechar negócios. Exemplos: "Quero lhe mostrar *como* o senhor poderá diminuir seus gastos com limpeza em 97%..., *como* reduzir custos administrativos... Suponhamos que você venda um *software* de computador. Você começaria bem, se usasse o "como". "Boa-tarde, senhor Fábio, eu vim aqui para lhe dizer *como* o senhor poderá otimizar e agilizar as decisões de seus gerentes de maneira fácil, eficiente e com baixo custo. Vou lhe mostrar *como* você poderá aumentar suas chances de... *Como* o senhor quer fazer o pagamento: boleto bancário ou cheque?"

4. Mais

É uma das palavrinhas mais importantes do mundo das vendas. Ela tem duas finalidades fantásticas. A primeira é levantar alvos. Jamais pergunte se o cliente gostou do que você vende. Faça a pergunta certa: "O que *mais* o senhor gostou?" O que ele disser é o alvo que você queria encontrar. Agora, é só atirar argumentos de ouro. Se não fizer essa pergunta, você vai disparar certo em alvos errados. A segunda finalidade do *mais* é você engatar benefícios em vantagens, assim: "Se o senhor somar a durabilidade de meu produto *mais* a certeza de fornecimento, *mais* a manutenção, *mais* a garantia, *mais* o valor de revenda e *mais* a tradição de nossa empresa, notará que o preço dele está correto..."

5. Resultado

Diga ao cliente: "Esses são os *resultados* que seu concorrente conseguiu em cinco semanas... As pessoas adquirem esse produto/serviço por causa de três *resultados* que são... Eu não sou um vendedor de produtos, sou um gerador de *resultados*... Nossa empresa não vive de vendas, mas satisfação dos *resultados* de nossos clientes..."

6. Comprovado

Em sexto lugar, ficou essa palavra poderosa. Ela tem que estar presente em todo argumento convincente: "...Esse é um produto de resultados *comprovados*... Os efeitos do que estou lhe dizendo podem ser *comprovados* por esse laboratório suíço... Os *releases* destes jornais, esses gráficos, as estatísticas e esses testemunhais *comprovam* o que lhe afirmei..."

7. Imagine

Se imaginação vale mais que conhecimento, segundo Einstein, e estamos vivendo na Década da Imaginação, então, use a palavra "imagine" para vender: "Senhor Cardoso, *imagine* os resultados que conseguirá com este meu produto/serviço, *imagine* a ausência deste problema que solucionaremos, *imagine* que a mercadoria não custa nada, pois se paga por si só, *imagine* os elogios que receberá por ter tomado essa decisão..."

8. Retorno

"O *retorno* que o senhor terá deste investimento virá em menos de sete semanas... Esse meu serviço *retorna* para o senhor em forma de liqüidez, rentabilidade e lucratividade imediata..."

9. Novo

Tudo que é novo tende a chamar a atenção, porque suscita a curiosidade. Então, fale sobre novidades, após realizar sua pré-venda. Exemplos: "Este é um NOVO seguro com benefícios nunca vistos até hoje no mercado de seguros" OU: "O produto contém uma NOVA fórmula... OU: — É uma NOVA maneira de atacarmos os problemas..." OU: "É um NOVO conceito para transformar dificuldades em soluções..."

10. Merece

Não importa o que o cliente diga, ele sempre merece. Se ele disser: "Seu preço está alto", diga-lhe: "Senhor Cardoso, o senhor *merece* adquirir o melhor pelo menor..." "O senhor *merece* um produto deste que envelhece melhorando..." Até na abordagem, use o *merece*. Se o cliente diz: "O senhor tem tal produto?," responda: "Temos, as pessoas gostam muito dele e eu sei que o senhor *merece* um produto que reduz custos e maximiza lucros, concorda?"

11. Fácil

Demonstre o que você vende e comente: "...*fácil* manuseio... *fácil* manutenção... *fácil* utilização no dia-a-dia... *fácil* de operar... *fácil* retorno do investimento... *fácil* revenda..."

12. Vital

Vital é um adjetivo de forte significado lingüístico que, por não ser apelativo, produz um efeito que outros não conseguem. Diga, então: "*Vital* importância para sua empresa... é um serviço de retorno *vital* para o desempenho de seu fluxo de caixa... é um benefício *vital* para sua organização..."

13. Confiança

Vender é agregar valor de confiança: confiança em você, em sua empresa e, depois, em seus produtos/serviços. Por isso, diga: "Nós temos um livro de clientes satisfeitos e eles fazem negócios conosco por causa da *confiança* que... A *confiança* que os clientes têm nesse produto nasceu por causa de três fatos interessantes..."

14. Sucesso

Particularmente, acho essa palavra desgastada, mas ela figurou entre as mais importantes para o ato de vender: "...Este meu produto/serviço lhe dá *sucesso* comprovado em produtividade, competitividade e lucratividade. Com essa nova máquina, o senhor terá uma empresa mais produtiva, competitiva e lucrativa. *Sucesso* hoje é ser produtivo para ser competitivo e ser competitivo para ser lucrativo, o senhor concorda?... Meu produto tem o preço do *sucesso*... Esse não é um sapato, é o *sucesso* em forma de calçado..."

15. Economia

Experimente argumentar com um cliente que acabou de afirmar que alarmes eletrônicos são caros: "Senhor Souza, pense na *economia* que fará com mão-de-obra difícil, na *economia* de aborrecimentos com assaltos insolúveis, no fato de os ladrões evitarem lojas protegidas eletronicamente, na *economia* com estresse e..."

16. Também

É uma das mais poderosas palavrinhas para se criar empatia e relacionamento sinérgico com o cliente. Serve em todos os tipos de vendas e situações. Se o cliente disser que o preço está alto, fale: "Então, o senhor *também* gosta de bons produtos com preços baixos?" Se ele disser que o prazo de entregas é longo, empatize: "O senhor *também* gosta de prazos curtos como eu?..." Bem, até aí você não vendeu, mas deixou claro na mente do cliente que tem os mesmos sentimentos dele. Lembre-se: antes da persuasão, vem a empatia, pois vender é transferência de sentimentos.

17. Conforto

Não economize essa palavra. Argumente sempre: "Meu serviço lhe dará o *conforto* na área de... Esse sapato é mais que durável, resistente e bonito, ele lhe dará *conforto* nos pés enquanto anda... Nosso serviço lhe dará o benefício do *conforto* porque..."

18. Desconto

Em muitas áreas, vender ainda é atrair pelo preço baixo, conseguir prestígio pelo preço alto e vender pelo preço intermediário. Há uma atração incrível em vendas quando você diz a um cliente prospectivo: "Eu vou brigar por um *desconto* para o senhor..."

19. Concorda?

É uma palavra tão poderosa, mas tão esquecida, que quase ninguém a usa como recurso de venda. Para vender mais, deixe o cliente falar, mas é preciso que você o escute ativamente. Para isso, apresente um benefício interessante, seguido de uma pergunta de concordância, assim: "Conseguir os mesmos resultados com uma peça que lhe dá o triplo de durabilidade e metade dos custos de manutenção é um bom negócio, *concorda*? Uma gravata como essa que combina com elegância máxima e preço mínimo faz bem à saúde do bolso, *concorda*?" Faça um silêncio empático, ouça a resposta ativamente e prossiga como um diagnosticador de problemas e gerador de soluções.

20. Posso?

É uma das mais antigas e mais modernas palavrinhas do planeta vendas. É moderna porque em tempos de *marketing* da permissão, vender é ter "agressividade afetiva", perguntando ao cliente: "*Posso* lhe dizer como aumentar seu faturamento em 17% na área tal e já no segundo bimestre? *Posso* lhe contar como seus concorrentes estão ganhando pontos no mercado? Vender é ainda solicitar o pedido, portanto, abuse: "*Posso* encomendar duas peças para começar? *Posso* lhe entregar segunda pela manhã ou terça pela tarde?"

Bem, cada negócio tem suas palavras vendedoras. Existem mais 25 que são excelentes como *lucro, ganhar, qualidade, beneficia, grátis, prestígio, proposta, serviço, prático, facilita, maior, menor, melhor, combina, prolonga, rende, dispensa, remove, verdade, valor, otimizar, poderoso, direito, dinheiro e segurança*, mas, as 20 que apresentamos são as essenciais para atingir mais cedo suas metas de vendas. Você merece!

Palavras Mágicas que Ajudam a Vender

Frases pomposas ou palavras impressionantes que levam o cliente na conversa é coisa do passado. Mas, pense que idéias são construídas com argumentos, e estes são feitos de frases e frases são feitas de palavras. Logo, palavras, ajudam a vender... ou a perder.

Vejamos algumas palavras, além das que já foram citadas, e que vão fazer você vender mais e melhor:

1. NÃO DIGA: O CUSTO-BENEFÍCIO É EXCELENTE. DIGA: O BENEFÍCIO-CUSTO É EXCELENTE

Você prefere um carro com ar-condicionado ou sem? Pergunta boba. Claro: com ar-condicionado. Por que, sendo que o custo do ar-condicionado faz aumentar o preço final do carro? Bem, porque eu sou vendedor e se eu chegar com a cara suada diante de meu cliente ele poderá ficar tão mal-impressionado comigo, que não comprará de mim. Também porque sem ar-condicionado vou me derreter no carro. Ora, então, você não pensou no custo-benefício. Pensou, sim, no benefício-custo.

2. *ADQUIRIR* VENDE MAIS QUE *COMPRAR*

Muitas vezes, comprar e vender são palavras gastas no mercado dos estímulos.

É claro que comprar e vender são produtos da interação social. Mas, dentro dessa idéia, evite dizer: "Quando o senhor comprar esse produto verá que ele se paga por si só e...

Diga: "Quando o senhor for o dono desta maravilha comprovará os resultados de retorno..."

Em vez de dizer: "De que forma o senhor quer pagar o produto?", diga: "Qual a forma de liqüidação que o senhor mais simpatiza? Qual a melhor maneira deste produto ser seu definitivamente?"

Assim fazendo, as chances de aumentar as vendas são maiores.

3. A PALAVRINHA "E" DÁ MAIS CERTO QUE A PALAVRINHA "MAS"

É isso mesmo. A palavrinha "e" é uma conjunção coordenada sindética aditiva, já a palavrinha "mas" é uma conjunção coordenada sindética adversativa. E daí? O que eu tenho com isso? Tem sim. Quando você usa a palavrinha "e", está tendo um relacionamento aditivo com o cliente e, ao utilizar a palavrinha "mas", está tendo um relacionamento adversativo. Então, se o cliente falar que o preço está alto, não diga nunca como fazem alguns vendedores: "É, tudo bem, *mas* qualidade suplanta, não é verdade?"

Pronto, já está o "mas" chamando para a briga. Diga: "...*e* a qualidade suplanta, correto?" Agora, cuidado que o "e" pode ter um sentido de "mas". É o caso de se dizer: — Minha sogra não tem boca *e* fala." É o mesmo que dizer: "Ela não tem boca, *mas* fala."

4. NUNCA DIGA: O PRODUTO É FEITO DE...
DIGA: O PRODUTO É FEITO PARA...

Para vender mais e melhor você precisa trocar o DE pelo PARA.

Exemplo: em vez de dizer a um cliente que o sapato é feito DE couro, diga: — O sapato é feito PARA durar mais. Em vez de dizer que as rodas da cadeira são de forma poligirável, diga: "As rodas da cadeira são feitas PARA que o senhor se movimente com mais conforto e menor esforço." Em vez de dizer que o detergente é feito DE material não agressivo, diga: "O detergente é feito para que a senhora lave a louça e esteja com as mãos sempre bonitas."

Enfim, como já dissemos, as pessoas não estão preocupadas em saber o que o produto é ou de que ele é feito. Estão interessadas em saber o que o produto pode fazer por elas.

5. EVITE ADJETIVOS OU ADVÉRBIOS GASTOS OU ENFERRUJADOS

Gastos e enferrujados de tanto usar.

Por exemplo, nunca diga: "Este produto é incrível... este serviço é fantástico... esta embalagem é extraordinária..." Dá mais certo você dizer: "Este produto tem uma nova tecnologia que... Este serviço é referenciado por esta lista de clientes satisfeitos... a qualidade desta embalagem foi citada na revista técnica X... Este produto ganhou o prêmio qualidade na área tal" e assim por diante.

Hoje em dia, evidências funcionam melhor que adjetivos ou advérbios alarmantes, mesmo porque o universo é substantivo. Quem dá os adjetivos somos nós.

6. USE A EXPRESSÃO "MAIS AINDA". ELA AJUDA A ELIMINAR GANCHOS DE DÚVIDAS NO SUBCONSCIENTE DOS CLIENTES

É verdade. Jamais trate um cliente como se ele precisasse de seu produto ou serviço, de você ou de sua empresa. Ao invés disso, use a expressão MAIS AINDA. Por que ela é tão importante assim? É simples. Você quer comprar uma roupa, entra no provador, o vendedor vê você vestido com o novo traje e sai com essa: "Puxa, com essa roupa, como o senhor ficou elegante!" Pronto, o vendedor está dizendo que você não é elegante e seu subconsciente pode captar a mensagem pelo lado negativo. Você sentiu que há alguma coisa errada no ar, algo que não sabe o que é e, por isso, não comprou. É quase sempre assim: O vendedor não vendeu e não soube por quê. E o freguês não comprou e não soube também porquê. Uma das maneiras de se resolver isso é você eliminar ganchos no subconsciente dos clientes. Use a expressão "mais ainda", assim: "Puxa, senhor Bruno, com essa roupa o senhor ficou elegante *mais ainda* do que naturalmente já é, parabéns."

Não diga que com este *software* o cliente vai aprender a tomar decisões gerenciais mais acertadas. Diga: "Com esse *software*, o senhor vai tomar decisões gerenciais com *mais* resultados *ainda* do que já vem tendo..." Pronto, este é o recurso: jamais trate uma pessoa como se ela precisasse de seu produto ou de você ou de sua empresa. Em vez disso, use a poderosa expressão "mais ainda". E venda mais ainda.

7. A PALAVRINHA "MENOS" SÓ NÃO FAZ UMA COISA PARA VOCÊ. ADIVINHE O QUÊ?

Adivinhou! A palavrinha "menos" faz tudo, menos uma coisa: ela não faz você vender menos. Ao usá-la, por certo, venderá mais. Veja como funciona. Todo argumento com a palavrinha "mais" tem um correspondente com o "menos". "Pouca gente aplica esse recurso. Quem usar vai ganhar dinheiro. Exemplos: Este microfone dá-lhe mais audibilidade vocal. Isto quer dizer que o senhor terá *menos* possibilidades de criticarem sua apresentação... Este carro tem mais desempenho nas curvas. Isso quer dizer que o senhor terá *menos* possibilidades de imprevistos... Este produto tem mais concentração de antialérgicos. Isso quer dizer que o senhor terá *menos* possibilidades de contaminação em relação aos outros similares da concorrência." Agora, atenção: ao usar o "menos", você se torna mais confiável, gera mais credibilidade diante do cliente. Se você dissesse: "Com este vidro o senhor terá mais visibilidade e, com isso, zero possibilidades" de acidentes por causa da excelente visão que terá", é claro que você está sendo muito vendedor e pode gerar desconfiança. Agora, se você diz: "Com este vidro o senhor terá mais visibilidade e com isso *menos* ou *menores* alternativas de acidentes", você não está sendo manipulador e está gerando credibilidade. É só tentar para ver os resultados. A palavrinha "menos" ajuda a vender mais.

8. PALAVRAS TERMINADAS EM "ADE" PODEM FACILITAR A VENDA

Só há um cuidado a tomar. As palavras terminadas em "ade" estão mais ligadas a características que a benefícios, e nós sabemos que os astros de uma venda são sempre os benefícios. Características são os coadjuvantes. Anote algumas dessas palavras: qualidade, quantidade, durabilidade, resistibilidade, praticidade, impermeabilidade, lucratividade, simplicidade, confiabilidade, credibilidade, funcionalidade, imputrescibilidade, comodidade, potencialidade, etc.

9. EVITE OS TERMOS INDEFINIDOS QUE DESVALORIZAM A AÇÃO DE VENDER

Evite tudo que sejam opiniões vagas, termos intangíveis que não comprovam nada, do tipo assim: "Nós temos *um* cliente que *ultimamente* tem manifestado uma *total* satisfação. Ele usa o produto já há um *certo tempo* sem nunca ter tido o *menor problema*." Veja que o argumento está construído em cima de idéias vagas, cheio de termos indefinidos: nós temos um cliente (que cliente?) que ultimamente (ultimamente quando?), tem manifestado sua total satisfação (que satisfação, como medir isso?), e que usa o produto já há um certo tempo (há um certo tempo quando?). Quanto mais você evitar palavras indefinidas, mais venderá.

10. NÃO USE PALAVRAS COM CARGA NEGATIVA OU QUE SUSCITEM DÚVIDAS

Sempre use palavras que contenham cargas positivas. Evite as de intenção ou as interrogações negativas. Elas, comprovadamente, não ajudam a vender.

Em vez de dizer: "Algum problema com nossa proposta?", diga: "Qual foi o ponto que mais chamou sua atenção em nossa proposta?"

Em vez de dizer: "O que está faltando para o senhor tomar uma decisão?", diga: "Que pontos o senhor gostaria que revíssemos antes de tomar uma decisão?"

Evite também usar as usadíssimas expressões "veja bem", "note bem". Em vez disso, diga: "Há uma observação a este respeito que os nossos próprios clientes têm feito com freqüência a respeito dos resultados deste produto." E aí, sim, você coloca na boca dos outros clientes os argumentos que está dizendo. Se são os outros que dizem, o cliente aceita mais.

11. FAÇA AS PERGUNTAS TRABALHAREM A SEU FAVOR

Nunca diga: "Um sapato de couro? Sim, temos sim, todos os modelos que o senhor quiser."

Em vez disso, deixe as perguntas construírem seu alvo: "É para combinar com alguma roupa? Para ser usado mais no campo ou na cidade? O senhor gosta de ligeiramente folgado no pé ou bem justo? Há preferência por alguma cor? É para poder ser usado em alguma ocasião festiva?" O cliente quer dar uma roupa de presente e pergunta se você tem no estoque. Um vendedor ruim diria: "O que temos está tudo aí na vitrina." Já os vencedores dirão: "Qual a idade da pessoa? Qual a profissão dela? Ela usa roupas em tons claros ou escuros? É uma pessoa mais séria ou mais alegre? É uma pessoa formal ou mais liberal, tradicional, contestadora, introvertida ou extrovertida?" Faça as perguntas trabalharem a seu favor.

Capítulo 7

Superando-se com os Verbos que mais dão Certo para Convencer

Os 14 Verbos da Venda Convincente

Bem, depois das 20 palavras mais vendedoras, você precisa agora de ação inteligente. E nada melhor para vender com sucesso do que esses incríveis verbos argumentadores
Vender é ação.
Verbo é ação.
No dicionário, ação vem antes do sucesso.
Então, coloque esses 14 verbos na sua venda e você atingirá o máximo em resultados.
Embora haja outros, esses são os 14 verbos mais argumentadores do mundo para convencer os clientes a fazer negócios com você. E lembre-se: se você está reclamando por não ter dinheiro, aceite a máxima: para se conseguir *verba*, é preciso de *verbo*. Vamos a eles:

1. AUMENTAR: Todo produto ou serviço deve aumentar algo, agregar valor, acrescentar emoções ao cliente. Então, diga: "Com esse meu produto o senhor vai aumentar seus resultados, aumentar sua liqüidez, aumentar a taxa de retorno do investimento, aumentar a capacidade de sucção das máquinas, aumentar o rendimento dos motores." Ah! Para aumentar as vendas? É simples: aumente sua taxa de visita, sua fé em Deus, sua intuição, sua flexibilidade e suas habilidades persuasivas.

2. DIMINUIR: Os melhores produtos ou serviços do planeta são aqueles que diminuem problemas ou preocupações do cliente. Exemplo: "Meu produto diminui seus gastos em energia, diminui as perdas na área tal, diminui os erros humanos nos processos de fabricação, diminui o tempo de paralisação por causa do retrabalho." Como? Para diminuir as vendas? Diminua o tempo do choppe, a conversa fiada com os amigos e passe a investir mais em seu desenvolvimento profissional. Diminua também o papo furado com Clientes, o vulgo MCPT — Muita Conversa e Pouco Trabalho. Vender é conversar certo e trabalhar muito e não conversar muito e trabalhar pouco.

3. MANTER: Manter é tão importante quanto aumentar e diminuir. Então, argumente: "Com meu produto, o senhor mantém os clientes cativos, mantém a qualidade da produção, mantém o giro de estoque." O que fazer para manter o sucesso? Mantenha em mente a disciplina, a ousadia e o foco no cliente. Mantenha a forma física, pois, como dizia Vincent Lombardi: o cansaço faz-nos covardes.

4. EVITAR: O verbo que evita o prejuízo é evitar. Funciona assim: Primeiro você diagnostica um problema do cliente e termina com "para evitar isso". "Todos os dias nosso corpo é atacado por poluição e sujeiras inesperadas. Para evitar isso, criamos um produto de limpeza de pele que..." Ou, simplesmente, diga: "Meu produto, senhor cliente, evita as dores de cabeça dos altos custos de manutenção, a substituição das peças e a paralização das engrenagens." Quer evitar o baixo desempenho em vendas? Evite encher sua mente com programas porcarias de televisão, pois, se seu cérebro emocional é um depósito de lixo, só terá um desempenho de lixo. E evite também sair com amigos urubus e vampiros emocionais que lhe roubam a energia da alta performance.

5. ELIMINAR: Todo produto/serviço nasceu para eliminar um problema. Então, convença: "Meu produto, senhor cliente, elimina as sujeiras infiltradas nas engrenagens e os baixos resultados." E para eliminar resultados ruins? Elimine a preguiça, o absenteísmo, acredite mais e visite certo. E elimine também a síndrome daquela hiena que só reclama: "Ó vida, ó mundo, ó azar, ó más vendas!" Elimine também amigos negativos, aqueles que dizem: "Nada dá certo comigo, se eu comprar um circo, o anão cresce!"

6. RENDER: "Esse produto/serviço rende mais por hora de uso, rende mais por peça acabada e lhe rende mais clientes encantados por pedido assinado." O quê? Para render mais para sua empresa? Faça render os 86.400 segundos que o Criador lhe deposita todos os dias no Banco do Tempo.

7. OTIMIZAR: "Esse nosso programa otimiza os espaços de seu escritório, otimiza suas decisões e o retorno de seus anúncios." Quer otimizar sua carreira? Otimize seu interesse na Era da Gestão do Conhecimento. Se sua auto-estima e sua auto-imagem não estão ótimas, você quer otimizar o quê?

8. DISPENSAR: Produto que não dispensa não compensa. Argumente poderosamente: "Minha válvula de alta pressão para lavar carros dispensa o balde, o sabão e os escorregões que acontecem na lavagem. E dispensa a aspirina por causa das dores de cabeça que o senhor terá por não fazer negócios comigo." Para atingir metas de vendas? Dispense o mau humor, a notícia ruim e dormir tarde.

9. FACILITAR: Olhe para o produto e para você. Se vocês não facilitam nada, vão acabar morrendo na praia. Diga ao cliente seduzido: "Meu produto facilita a remoção da sujeira, facilita as decisões em ambientes de rede, facilita a reposição das peças, facilita a integração da mão-de-obra." Como? Para facilitar as decisões dos clientes a seu favor? Ora, facilite a vida deles que eles facilitarão a sua. Vender é facilitar.

10. COMBINAR: "Esse produto combina com sua personalidade, combina com seu estilo de ser, combina com o perfil de seus funcionários, combina com suas necessidades de investimento." Quer crescer mais em vendas? Essa é fácil: combine seu *networking*, isto é, sua rede de contatos com a energia inquietante para visitar corretamente.

11. ATINGIR: Sua empresa, você e sua conversa de vendas existem para atingir alguma coisa. Então, persuada, dizendo: "Com esse meu serviço, senhor cliente, o senhor vai atingir mais cedo suas metas de 17% já neste trimestre, vai atingir e superar seus alvos de mais produtividade com menos custos." Para atingir uma promoção na empresa? Atinja o cliente certo. Se você ajudar as pessoas a atingir as metas delas, elas ajudarão você a atingir as suas.

12. BENEFICIAR: Se seu produto/serviço não beneficia, então, mude de rumo ou de ramo. Diga ao Cliente: "Ao adquiri-lo, o senhor se beneficia da regulagem fácil, do motor que trabalha a frio, do custo zero de manutenção e da reposição grátis por dois anos." Quer mudar seu destino em vendas? Torne-se um semeador de benefícios com entusiasmo.

13. PROLONGAR: As pessoas querem comprar coisas que prolonguem. Então, fale: "Meu produto prolonga a vida útil de seus motores, prolonga a boa imagem de sua instituição, prolonga sua satisfação, prolonga a durabilidade das engrenagens, prolonga sua elegância." Para prolongar seus resultados em vendas? Ligue para seu Cliente, prolongue sua pós-venda, prolongue sua garantia, prolongue sua assistência técnica. Com isso, você encanta e cria fidelização mais prolongada.

14. PROTEGER: Não venda produtos, mas, programas de proteção. Argumente para convencer: "Esse plano de saúde protege o seu caixa das faltas dos funcionários, esse cartão de crédito protege o seu bolso dos assaltos da inflação, esse novo trator protege suas colheitas das safras ruins." Está interessado em proteger seu futuro do desemprego? Torne-se um descontente inovador e um destruidor criativo. Leia mais e venda mais.

    Bem, minha sugestão é que você coloque seus produtos/serviços em cima de uma mesa e crie argumentos poderosos usando todos esses 14 verbos. Eles são a viva ação dos benefícios, a alma da argumentação e o corpo da persuasão. Com apenas esses 14 verbos, seus resultados aumentarão e você terá os prêmios dos dois finais desejados verbos do sucesso em vendas, que são *convencer* e *prosperar*. E, acima de tudo, siga o exemplo de Jesus, pois Ele é o Verbo que se fez carne para nos apontar melhores caminhos.

Capítulo 8

Os Argumentos mais Funcionais para Você se Superar em Vendas

Os 14 Argumentos mais Fortes do Mundo

Os argumentos são as molas da superação: SAIBA COMO UMA TÉCNICA DE VENDA TRANSFORMOU PELÉ NO REI DO FUTEBOL

Quais são os mais poderosos argumentos do Planeta Vendas?

São muitos, mas os 14 mais importantes para antecipar objeções são os seguintes:

1. OBJEÇÕES PARA PALMEIRENSE É TUDO QUE LEMBRE CORINTHIANS

Essa é uma espetacular técnica neurolingüística. Se você vai vender para um mecânico, diga: *"Meu produto é como um automóvel, é como uma máquina de qualidade, a revisão é inexistente, não vai fundir os seus resultados."* Motor, revisão, fundir, são as palavras dos mecânicos. Fale com eles com as palavras deles. Para um contador, argumente: *"Meu produto tem Crédito até com nossos concorrentes, é uma Qualidade sem Débito e o Saldo é sempre a Lucratividade."* Para um síndico de prédio, fale: *"O senhor é muito importante aqui, é o senhor quem decide quem vai entrar ou não nesse prédio. Agora vale uma pergunta: Será que estamos sendo síndicos da qualidade? Esse meu produto não deixa o Desperdício entrar..."* Para um Pedreiro, diga: *"O Edifício das Boas Aquisições se constrói com quatro tijolos da...* Para um lavrador, argumente: *"Ao adquirir meu produto o senhor está plantando um investimento que irá florescer no futuro."* A Neurolingüística mostra que cada um de nós pensa segundo o seu padrão de linguagem mental. Quando usa essa técnica, você faz as pessoas ouvirem suas próprias vozes naquilo que dizem. Resumindo: Quer que um palmeirense NÃO lhe faça objeções? É simples: Fale de tudo que lembre verde: salada, folha, capim...

2. COLOQUE A TOALHA NO ROSTO E AJA COMO PELÉ

Deu no *Fantástico*: quando os jogadores do Santos viam Pelé, deitado no vestiário, com uma toalha no rosto, eles sabiam que não tinha para ninguém: o rei jogaria como nunca e levaria o time à vitória. Um dia, um repórter perguntou a Pelé o porquê da toalha. O rei respondeu: "Eu ficava pensando em quem iria me marcar, a maneira dele jogar, se o forte dele era ir para a esquerda ou direita, se era a velocidade, se arranque, se era cabecear, etc., e se o forte dele era ir para a esquerda eu pegava a bola, fingia que ia para a esquerda e ia para a direita." "Sabe como se chama isso no Mundo dos Negócios? Chama-se Pré-Venda. Um vendedor Zé-Galinha chega para um cliente e diz: *"O senhor não teria interesse em comprar meu produto?"* O ouvido do cliente é todo objeções. Já um Encantador de clientes chega para um Cliente sabendo tudo sobre ele. Por isso, argumenta como um rei: *"Nós fizemos um levantamento sobre seu negócio e chegamos a algumas soluções interessantes... Posso mostrar?"* Argumentos preparados com Pré-Venda e enriquecidos com uma Pesquisa Centrada no Cliente: esse é o segredo para se tornar um Pelé das Vendas.

3. ARGUMENTE MELHOR TROCANDO ALHOS POR BUGALHOS

Conta-se que um caipira reclamava para um amigo: *"Eu perguntei para aquele Padre se eu podia fumar enquanto estava rezando e ele só faltou me excomungar."* "Ora, cumpadre — respondeu o amigo —, *já comigo foi diferente, eu perguntei a ele se eu podia rezar enquanto estava fumando e ele me elogiou para todo mundo, disse que eu era tão religioso que até na hora do vício, eu rezava."* Seus argumentos de vendas não são ruins: a ordem deles na frase é o problema. Responder objeções é simples: muitas vezes, é apenas uma questão de você inverter os argumentos numa frase persuasiva.

4. TODA OBJEÇÃO É UMA SHARON STONE: DEPENDE DE QUEM OLHA

O Cliente diz: *"Ora, há mais de 200 concorrentes seus vendendo esse mesmo tipo de produto."* Ao ouvir isso, não se desanime, mude os termos da objeção, olhe-a diferente e responda: *"Em resumo, o senhor pergunta o que nosso produto diferencia dos outros, correto? A questão é: quais nossas reais vantagens competitivas, certo? A dúvida que gostaria de ver esclarecida é como ele se pagaria por si só, acertei? Vou lhe mostrar três fatos que..."* O cliente olhou as objeções como dúvidas, incertezas ou negativas. Você, em vez disso, olhou como perguntas que buscam mais esclarecimentos. Objeções são lindas: mas é preciso que acredite nisso.

5. OBJEÇÃO É COMO PANELA VELHA: FAZ CADA COMIDA BOA!

Você visita um cliente que faz uma objeção velha, dita já muitas vezes, do tipo: *"Esse seu produto é grande demais para meu espaço."* Por que você tem que perder vendas diante de objeções antigas? Reaja, argumente: *"O senhor tem razão, meu produto tem 12 centímetros a mais que meus concorrentes e esse é o pulo do gato que explica termos ganho o Prêmio Qualidade do ano passado, pois, por ser mais largo, ele tem mais ressonância, mais sonoridade, mais encaixe e..."* O Cliente objeta, dizendo: — "Esse produto é muito pesado." E você responde: "Esse é o forte dele. Por ser mais pesado uma pessoa pode se esbarrar nele que ele não cai, pois tem mais força de base." Simples, concorda? Use a panela velha das objeções antigas para dar respostas novas e obter lucros.

6. FAÇA COMO MISTER M: PROVOQUE EMOÇÕES E EXPLIQUE O TRUQUE

Vender, muitas vezes, é provocar desafios. Imagine um vendedor de carros dizendo: *"O senhor seria capaz de dar um tiro neste vidro sem destruí-lo?"* Se o cliente disser: *"O produto é bom mas é caro"*, o vendedor responde: *"Quanto custa a vida? Quanto custa um trauma de um assalto?"* Lembre-se: Um vidro à prova de bala é caro. A vida de seu filho não tem preço. Assim funciona a lógica das objeções. Bem, agora que você vendeu seu benefício, explique o truque, isto é, conte o que faz o seu vidro ser tão forte assim.

7. DESPERTE O PAULO AUTRAN QUE EXISTE EM SEU VENDEDOR

Dois vendedores vendem um novo método para deixar de fumar. Um se aproxima do cliente e diz: *"O senhor sabia que todo fumante morrerá de câncer, a não ser que outra doença venha matá-lo antes?"* Moral da história: Assustou e não vendeu. Já outro se apresenta assim: *"O senhor já viu um boneco que fuma, senhor Bruno?"* A seguir, demonstra o que diz: coloca um cigarro na boca do boneco fumador, aperta uma bomba, o boneco traga o cigarro e uma terrível mancha negra aparece num papel representando um pulmão. O cliente não tem objeção: ou compra ou não compra... Depois, andam falando por aí que vendedor não é ator... !

8. ARGUMENTE COMO UM SÁBIO, VENDA COMO UM LOUCO

Você chega numa loja musical e pede informações sobre um teclado. O vendedor lhe diz: *"Ele é leve, durável, a bateria e eletrônico, com acompanhamentos embutidos, madeira impermeável e som estereofônico."* Argumentos técnicos atraem objeções. Agora imagine que ele tivesse argumentado assim: *"Este é um teclado para seus bisnetos tocarem como*

Mozart." OU: *"Em menos de 40 dias o senhor tocará Noel Rosa e Schubert."* OU: *"Este teclado envelhece melhorando por causa desta madeira tratada impermeável."* Argumentos carregados de benefícios vendem mais porque fazem os clientes pensarem no prazer e não na objeção.

9. ROQUE SANTEIRO... TERRA NOSTRA: USE OS TRUQUES DAS NOVELAS

Novelas pegam a atenção das pessoas em capítulos. Para fazer o mesmo, use numerais, assim: *"Senhor cliente, vou lhe mostrar sete fatos a respeito deste nosso produto que vão lhe dar três benefícios imediatos que são..."* OU: *"Nossa vantagem competitiva se baseia em quatro diferenciais sobre nossos concorrentes."* Quando você usa argumentos com numerais atrai a atenção, fisga interesse, dispara a curiosidade e vende mais e melhor.

10. PARA FICAR RICO EM VENDAS PENSE NUM CABIDE

É isso mesmo. Para lembrar do argumento de venda que mais deu certo no último milênio, imagine um cabide. Um cabide é onde você pendura roupas e lucro. Um cabide *de ponta para baixo* transforma-se num ponto de interrogação, já notou? Armado de pontos de interrogações, você pendura mais vendas, porque usa uma das técnicas de venda que mais deram certo desde que Eva mordeu a maçã. Qual é? **Apresente argumentos fortes construídos com perguntas estratégicas.** Saber usar esse cabide é uma arte. Um vendedor disse: *"Um dispositivo que lhe economize 74% a mais de eletricidade, que lhe otimize a produção em mais de 43%... Alguém tinha que inventar isso, certo? Tinha que ser minha empresa, correto? Posso lhe mostrar como começar a lucrar com essas idéias?"* Quem age assim já tirou o "S" da Crise, há muito tempo.

11. TENHA PIC — PAIXÃO, INICIATIVA E COMPROMETIMENTO

O cliente faz uma objeção, diz que o preço da camisa está alto e o vendedor, em silêncio, pega uma calça, coloca ao lado da camisa e argumenta: *"Já viu uma combinação tão linda como essa? Já imaginou os elogios que receberá com esse conjunto?"* O cliente diz: *"Gostei demais, levo os dois."* Muitas vezes, ficar em silêncio e ter PIC, funciona melhor do que deitar falação. *Paixão* pela venda, *Iniciativa* em ousar e *Comprometimento* em deslumbrar clientes. Experimente!

12. ANTES DE ATIRAR, LEVANTE SEU ALVO

O cliente diz: *"Quero uma camisa de manga comprida."* O vendedor pergunta: *"Vou lhe mostrar as melhores que temos, mas o senhor prefere uma em estilo casual, ou clássico, ou esportiva, ou para bater?"* Medite: 20% do tempo gasto em levantar alvos economiza 80% do tempo perdido em refutar objeções. *"O senhor anda muito a pé?"* — continua levantando alvos o vendedor. *"Por que pergunta isso?"* Responde o vendedor: *"Por-*

que temos alguns tecidos apropriados para quando transpiramos muito." Entenda: quando você levanta alvos, antes de atirar, economiza uma porção de objeções. Não perca tempo em negativas e evasivas. E acredite: é melhor ter alvos fortes com argumentos razoáveis do que argumentos poderosos em alvos fracos.

13. USE ANZÓIS ATUAIS PARA PESCAR CLIENTES MODERNOS

É isso mesmo. Muita gente quer pescar clientes modernos com anzóis de antigamente. Pesca botas, latas, objeções, raivas, menos clientes. O atualíssimo Dale Carnegie já dizia: "Eu adoro morangos com chantili, mas quando vou pescar não coloco morangos com chantili no anzol, eu coloco minhocas e por uma só razão: é de minhoca que o peixe gosta." Você tem dito ao cliente os argumentos que ele quer ouvir? Antes de VENDER, você tem INVESTIGADO o que ele quer escutar? Suas entrevistas são consultivas e não manipulativas? Você interpreta os clientes de modo que eles respondam com emoções competentes e favoráveis a você? Então você é um São Pedro das Vendas, um pescador de pessoas satisfeitas por fazer negócios com você.

14. 80% DAS VENDAS SURGEM DE 20% DOS CLIENTES, LOGO...

Ora, se 80% de seus clientes só sabem fazer objeções, não se desespere: procure aquelas 20% de pessoas apaixonadas pelo que você vende e encante, seduza e crie fidelização. Manter o *market share* ativo é, muitas vezes, você entender que 20% do seu esforço de vendas é responsável por 80% de seus resultados econômicos. Focalizar para ganhar — é a chave.

RESUMINDO: *Para responder objeções, você precisa de argumentos poderosos.*

Experimente estes e lucre cada vez mais:
1. COMA CAPIM DIANTE DE PALMEIRENSE
2. FAÇA COMO PELÉ: USE A TOALHA DA PRÉ-VENDA
3. ARGUMENTE TROCANDO ALHOS POR BUGALHOS
4. OLHE A SHARON STONE COM OUTROS OLHOS
5. ACREDITE NO PODER DA PANELA VELHA
6. FAÇA COMO MISTER M: EXPLIQUE O TRUQUE
7. DESPERTE O PAULO AUTRAN QUE HÁ EM VOCÊ
8. ARGUMENTE COMO UM SÁBIO, VENDA COMO UM LOUCO
9. USE O TRUQUE DAS NOVELAS: ATRAIA EM CAPÍTULOS
10. LEVE CABIDES PARA AS ENTREVISTAS
11. TENHA PIC — PAIXÃO, INICIATIVA E COMPROMETIMENTO
12. ANTES DE ATIRAR, LEVANTE SEU ALVO
13. USE ANZÓIS ATUAIS PARA PESCAR PEIXES MODERNOS
14. CONCENTRE 80% DE SEU TEMPO EM 20% DE CLIENTES

Capítulo 9

Superando os Limites com a Tática dos Campeões

Os 19 Anzóis mágicos da Venda

Para vender mais, use esses 19 anzóis e deixe seu cliente motivado para a compra.

Vamos chamar esses anzóis de motiverbalizadores.

Eles têm sido a tática oculta dos campeões de vendas para pescar resultados.

Não se assuste com o termo. Motiverbalizadores são os motivadores para a compra.

Eles são poderosos argumentos da venda e têm esse nome estranho porque são os "motivos" para você "verbalizar", isto é, falar na entrevista diante do cliente.

Esses anzóis da venda moderna (motiverbalizadores) pescam a atenção, fisgam o interesse e aumentam as chances dos clientes de agir a seu favor.

Não importa o produto ou serviço que você venda, nem que seja vendedor externo ou interno, use motiverbalizadores. Mas, atenção: primeiro, descubra as necessidades e problemas de seu cliente dando um *show* de pré-venda e, a seguir, encaixe o motiverbalizador adequado para cada situação ou momento. Há dezenas de motiverbalizadores no mundo da persuasão, porém, os mais importantes ainda são esses 19. Conheça esses motiverbalizadores (M) e fique rico em vendas:

1. Benefício Impactual (M — 1)
2. Nudez Mental (M — 2)
3. Carícia Verbal (M — 3)
4. Soma Vantajosa (M — 4)
5. Subtração Suspense (M — 5)
6. Prejuízo Intrigante (M — 6)
7. Valorização Pessoal (M — 7)
8. Aprovação Social (M — 8)
9. Estima e Poder (M — 9)
10. Testemunhal Convincente (M — 10)
11. Segurança Triunfante (M — 11)
12. Curiosidade Mata (M — 12)
13. Identificação Total (M — 13)
14. Ineditismo Exibido (M — 14)
15. Inesperado Temido (M — 15)
16. Serviço Extra (M — 16)
17. Afetividade Aberta (M — 17)
18. Interrogação Vitoriosa (M — 18)
19. Liderança Fechadora (M — 19)

M —1. Benefício Impactual

As pessoas sempre comprarão benefícios, então, nunca mais fale que o chapéu é impermeável, diga: "Se chover, a senhora não perde o penteado, fica sempre bonita."

Diga a um fazendeiro: "Com essa colhedeira, o senhor aumentará os seus resultados de colheita em 17% acima do já ótimo resultado que já vem conseguindo, por que ela lhe proporciona quatro benefícios" (a seguir, enumere-os).

M — 2. Nudez Mental

Antes e durante a entrevista, "desnude" a verdadeira necessidade e interesse de seu cliente, tire a roupa da resistência dele, assim:

— E, pelo que entendi, a idéia de aumentar a sua colheita ainda mais em 17% do já ótimo resultado que o senhor vem conseguindo, é um ótimo negócio, sim? Ou, então, desnude mais ainda: "Além de aumentar a taxa de lucratividade, há mais algum objetivo que o senhor tem com essa fazenda?" Ou, melhor ainda: desnude na pré-venda: "quais são seus objetivos de colheita para os próximos dois anos?"

M — 3. Carícia Verbal

É um motiverbalizador usado para dar reconhecimento e deixar o cliente emocionalmente ligado ao que você fala. Exemplo: "Lá na cooperativa, o senhor tem uma excelente reputação. Eles dizem que o senhor é um administrador Midas, isto é, tudo que planta vira ouro, por isso fiquei curioso em visitá-lo." Cuidado, entretanto, para não ser o vendedor engraxador de ego e ser visto como profissional manipulador.

M — 4. Soma Vantajosa

Destaque suas vantagens, reforce seus benefícios. Quantifique as qualidades do que você vende, quase sempre usando a palavrinha *mais*: "Se o senhor somar a força de corte desta lâmina, *mais* o poder de tração do motor, *mais* a estrutura de antiferrugem dos ferros, *mais* a baixa economia de combustível, etc., verá que sua fazenda tem tudo a ver com esse trator..."

M — 5. Subtração Suspense

— Ora, um trator mais barato não teria este dispositivo que separa o grão ruim do bom, nem esse acessório que rejeita a erva daninha e faz o senhor perder muito na colheita... Outro trator mais barato teria *menos* resultado de consumo, *menos* valor de revenda e *menos* desempenho nas curvas...

M — 6. Prejuízo Intrigante

— Uma peça inferior a essa fará com que o senhor precise substituí-la a cada quatro meses e só a substituição é quase o preço desta aqui que tem cinco anos de garantia...

M — 7. Valorização Pessoal

Faça o cliente se sentir valorizado com a compra, entender que está realmente fazendo a compra certa: "Mais do que aumentar a rentabilidade da fazenda, o senhor vai se sentir bem em produzir mais com menos e em superar suas metas..."

M — 8. Aprovação Social

No item 7 você fez com que o Cliente se sentisse bem em relação a ele mesmo. Neste aqui você faz com que ele se sinta bem em relação aos outros. Exemplo: "As pessoas lá na cooperativa irão citá-lo como exemplo de superação em colheita em tempos de intempéries..."

M — 9. Estima e Poder

Agora que o cliente já tem a aprovação social, segundo Maslow e MacGregor, ele quer mais do que pertencer a um grupo, quer ter prestígio e poder sobre as pessoas. Descobrindo o patamar certo da necessidade certa, use o motiverbalizador certo, assim: "O senhor sabe que qualquer pessoa que consiga esses resultados de 17% acima do esperado, tem grande chance de liderar a cooperativa que precisa de alguém como o senhor que..."

M — 10. Testemunhal Convincente

O senhor Pedroso gostou muito deste trator. Ele afirma que a economia com esse modelo pagou por si só os encargos sociais, legais e trabalhistas de sete funcionários dele durante o ano e que, em 13 meses, a máquina já se pagou. Posso telefonar para ele agora para que o senhor comprove esses dados?

M — 11. Segurança Triunfante

Vender é você criar clima para agregar confiança e valor. Então, diga: "Eu tenho aqui alguns dados que comprovam que o senhor realmente poderá aumentar os resultados da colheita em 17%... Façamos o seguinte: se essas especificações técnicas não lhe derem satisfação no trabalho do trator, nós lhe devolveremos o dinheiro em 48 horas... A nossa empresa foi fundada em 1889 e, durante esses longos anos, a preocupação maior foi a satisfação de nossos clientes... Ganhamos a ISO 9000 porque...

M — 12. Curiosidade Mata

Faça perguntas que aguçam intensa curiosidade, assim: "Tenho uma notícia: sabe o que o Governo está prometendo àqueles fazendeiros que obtiverem resultados máximos?... Sabe qual é a repercussão de se conseguir 17% acima dos 100% planejados?... Existe um dado curioso sobre os eixos desse trator... Sabe o que os fazendeiros têm falado sobre a economia de combustível?"

M — 13. Identificação Total

Consiste em você assumir a cor psicológica do cliente, assim: "Eu também gosto muito de fazendas, bois, céu azul, mato, enfim... Se eu estivesse em seu lugar, tomaria essa mesma decisão..."

M — 14. Ineditismo Exibido

Com esse argumento você diferencia o cliente dos outros para que ele se perceba especial. Exemplo: "Um trator desse não é para qualquer um... O senhor não vê os fazendeiros da região aumentando seus resultados dessa maneira, mas, com essa máquina, seus resultados aparecerão..."

M — 15. Inesperado Temido

— Se o senhor adquirir um trator com preço inferior a esse, terá que fazer o financiamento naquele banco que protesta na primeira semana de atraso ou esquecimento. Com nosso financiamento próprio terá um prazo maior para pagar e... Como o senhor se sentirá com um trator mais barato, porém, exposto ao sol e chuva e devorado pela ferrugem?

M — 16. Serviço Extra

Mostre ao cliente três coisas, basicamente: 1. Os novos usos que o produto pode ter: "Esse trator foi feito para o campo, mas, se o senhor precisar urgente de ir à cidade e os automóveis não estiverem disponíveis, essa fera o levará até lá..." 2. Mostre o serviço pessoal que você, vendedor, fará por seu cliente: "Eu trabalho nesse ramo há 27 anos, sou amigo de meus Clientes, vou lhe deixar até o telefone de minha residência, pois quero estar sempre perto quando o senhor de mim precisar..." 3. Mostre claramente o ALGO MAIS que você poderá oferecer: "Vou pedir a nosso técnico que venha até aqui e conte a seu motorista tudo sobre essa colhedeira. Ele também lhe mostrará como aumentar as chances de colheitas produtivas..."

M — 17. Afetividade Aberta

Desde o início até o fim da conversa de vendas, crie clima motivacional com o objetivo de fazer amigos, ter uma abordagem facilitadora, diminuir as objeções, preparar para o fechamento e gerar fidelização: "Eu já o conhecia de nome pelas excelentes referências dos fazendeiros da região, que falam muito bem do senhor... E aí eu pensei: como ele é filatelista e eu também sou, acho que vamos nos entender... Tenho certeza de que nosso relacionamento irá muito além de um contato comercial... Amanhã o senhor será meu convidado para o almoço..."

M — 18. Interrogação Vitoriosa

Uma venda é feita de 80% de interrogação (perguntas) e 20% de afirmação. Então, comece perguntando feito louco equilibrado para convencer e vencer:

— Quem autoriza as compras?... Como o senhor está sentindo que será a agricultura para o próximo ano? (pergunta aberta)... Já viu um banco de trator como esse que é reajustado na altura e na coluna de seu motorista? (pergunta fechada)... Quem é seu fornecedor de gasolina aqui na região?... Apresente seus argumentos e termine com uma pergunta: "De tudo o que lhe falei, o que o senhor acha disso?... Um trator desse é grande no resultado e pequeno no tamanho, isso significa que o senhor poderá guardá-lo até mesmo em galpões pequenos, isso é extraordinário, concorda?... Vamos fechar o negócio e ganhar os próximos 10 tanques de gasolina gratuitamente?... E, pelo que entendi, uma colhedeira como essa é o que o senhor sempre sonhou, correto?..."

M — 19. Liderança Fechadora

Tudo bem que a decisão de compra é do cliente, mas, compete a você fazer com que ele aja, mesmo porque é pago para convencê-lo a mudar de opinião a seu favor. Vender é liderar a interação social. Pare agora de argumentar e solicite o pedido. Exemplos: "Vamos preencher o contrato agora?... O senhor vai adquiri-lo na pessoa física ou jurídica?... Qual o melhor horário para o técnico ensinar ao seu motorista tudo sobre esse trator?... Que tal começar agora o aumento dos resultados em 17%?... Eu vou preencher os seus dados no contrato para que a colhedeira esteja aqui em dois dias..."

Usando apenas esses 19 anzóis mágicos da venda, você fisgará mais resultados e estará entre os campeões.

Você merece!

Um modelo de Como Usar os 19 Motiverbalizadores numa mesma Entrevista com um mesmo Cliente

(M = Motiverbalizador)
— Boa tarde, senhor Alves, é um prazer conhecê-lo pessoalmente **(M —17)**... Já há tempos que ouço falar bem do senhor. Parabéns por ter feito sua empresa superar as cotas do ano e aumentar sua participação de mercado **(M — 3)**...

O motivo de minha visita é analisarmos juntos quais seriam os melhores caminhos para a sua empresa economizar mais de 37% com serviços gráficos **(M — 1)**...

Se conseguíssemos que o senhor tivesse sua própria máquina impressora, por um preço menor do que gasta em três anos com gráficas e com um baixo financiamento, o senhor acredita que será um bom negócio? **(M — 2)** (reforçado com outro **M — 1**)...

Há uma empresa, por sinal concorrente sua, que comprou esta idéia e eles disseram que em 2 anos a máquina se pagou por si só e... **(M — 10)**... Esta máquina poderá não só atender a demanda interna de sua empresa, mas também fazer serviços extras como uma segunda empresa dentro de sua organização **(M — 16)**...

O senhor se sentirá como um Diretor que conquistou mais um espaço importante para sua empresa **(M — 7)**...

... e eu tenho a convicção que o senhor será cumprimentado e até aplaudido por isso **(M — 8)**...

Este investimento por certo o colocará no rol dos grandes empresários da região **(M — 9)**...

... Se tivesse uma indústria do porte da sua e, se estivesse em seu lugar, eu também pensaria do mesmo modo **(M — 13)**...

... Esta impressora é alemã e foi feita para durar 50 anos **(M — 4)** e é uma fonte de renda a mais **(M — 4)**, pois roda até 110 cópias por minuto **(M — 4)**, imprime todas as cores **(M — 4)** em duplo ofício **(M — 4)** e lhe dá mais certeza de investimento **(M — 4)** e mais retorno de capital **(M — 4)**...

... e nós temos a garantia de quatro anos **(M — 11)** e uma assistência técnica operando dia e noite **(M — 11)**...

... A nossa empresa tem 40 anos no mercado orientando empresários como o senhor que querem ganhar mais em investimentos certos **(M — 11)**...

Nós poderíamos lhe oferecer um modelo mais barato, mas, se subtrairmos desta máquina este contador/registrador de unidades impressas **(M — 5)**, o senhor terá muita dor de cabeça com... **(M — 6)**. Outro modelo seria mais difícil de operar e ainda teria gastos com a contratação de um funcionário operador de nível especial **(M — 6)**...

... Suponhamos que o senhor fique três meses sem pagar o financiamento. Em nosso plano, poderia renegociar a dívida. Em outro plano o senhor seria protestado **(M — 15)**...

... Não são todos os empresários que podem se dar ao luxo de ter uma maravilha desta operando em sua empresa **(M — 14)**...

... Quem investiu está dizendo que fez o melhor negócio como provam estas cartas de referências que tenho em mãos **(M — 10)**...

... E, pelo que sinto, seu desejo é que essa máquina comece a operar ainda no mês que vem em sua empresa, correto? **(M — 18)**.

... Eu vou preencher os dados do financiamento **(M — 19)**.

... Qual é o melhor espaço para colocarmos a máquina? **(M — 18)**...

... A que horas da tarde o nosso técnico poderá vir aqui para tomar as medidas onde a máquina será instalada? **(M — 19)**.

Capítulo 10

Superando suas Falhas

As 32 Maiores Falhas dos Vendedores e como Corrigi-las

Ninguém quer matar uma venda. Ninguém pensa em ter fracasso na arte de ganhar dinheiro nesta profissão tão nobre, que é a arte de vender. Mas, por que, então, milhares de vendas são perdidas todos os dias levando empresas e profissionais de vendas ao desânimo? Muitas dessas falhas são causadas pela falta de conhecimentos, habilidades ou atitudes do vendedor ou por falta de comprometimento com o crescimento profissional. Vejamos as 32 principais falhas:

1. NÃO TER ORGULHO DA PROFISSÃO DE VENDEDOR

É claro que essa é a primeira maneira de acabar com uma venda.

Se você é do tipo que diz: "Eu não sou vendedor, eu estou vendedor", já começou mal.

Se não tem orgulho da profissão de vendedor, você nem mata as vendas porque já começou morto. Ora, se você se sente desconfortável ao ser chamado de vendedor e não tem a vocação natural para o sucesso profissional, não adquirirá a matéria-prima da realização profissional que é a automotivação e, conseqüentemente, você não vende.

Agora, a pergunta é: "Como *é que eu* faço para ter orgulho? Se não existe curso para ter orgulho, como *é que eu* faço? Basicamente, você precisa só de uma coisa: assumir a consciência da importância da profissão de vendedor no mundo de hoje. Entenda que vender não é um bico. Ser um profissional de vendas é ser um movimentador das riquezas do país. É esse sentimento de importância que gera orgulho. E que fará de você um campeão.

2. PENSAR COMO UM MALABARISTA CÊNICO E NÃO COMO UM CONSULTOR DO CLIENTE

Pare de ser um artista das palavras, um malabarista da manipulação, um artista de circo sob a pretensão de encantar o cliente. Vender não é falar bonito. É você fazer o que um consultor faz: diagnosticar o cliente, definir o público-alvo que tem pela frente, levantar as reais necessidades e desejos, fazer perguntas-teste, transformar dados em informações, informações em conhecimentos e conhecimentos em argumentos que encantam. Quem pensar diferente vai desaparecer do mercado.

3. ACOMODAÇÃO AO DETERMINISMO DA POBREZA E À AUSÊNCIA DE IMPULSO DE EGO

Impulso de ego é a fome de superação pessoal, é o tônus vital, a vontade de vender. Se você não tem impulso de ego não tem espírito competitivo. E você vai a nocaute assim que receber um *Não* pela cara. Já o vendedor que tem impulso de ego tem tenacidade, ímpeto inquietante para crescer, perseverança, equilíbrio e é seta e não círculo. Ele sabe o que quer e quer exatamente aquilo que sabe.

É o impulso de ego que faz você acordar cedo e estar cedo diante do cliente.

É o impulso de ego que faz você sair à caça das respostas às objeções difíceis de seu cliente.

É o impulso de ego que faz você fazer cursos de vendas, querer sair com os campeões e estar sempre pedindo sugestões e conselhos de seu gerente.

Quem tem impulso de ego não tem acomodação ao determinismo da pobreza e sabe encontrar os caminhos da independência financeira.

4. ACREDITAR QUE A FUNÇÃO DO VENDEDOR É VENDER

Tudo bem que a função do vendedor é vender. Já imaginou se a função dele fosse cozinhar o galo? Acontece que, pensando apenas em vender, o profissional acredita que é pago apenas para prospeccionar clientes, manter diálogo com eles, oferecer benefícios e ponto final. É preciso não desconsiderar as principais funções do vendedor, que é investir em seu crescimento profissional, fazer auto-análise diária do motivo por que não conseguiu realizar o negócio, procurar novas abordagens e respostas às objeções, inflar-se de automotivação para buscar melhores resultados.

5. NÃO VENDER DENTRO DA CULTURA DO CLIENTE

Vender dentro da cultura do cliente não quer dizer que se ele é PhD em energia nuclear você precisa negociar como se fosse um físico nuclear. É você vender dentro das variáveis culturais que acompanham o cliente. Por exemplo: como você vende a um japonês, a um italiano, a um árabe, a um americano ou para uma mulher ou para uma criança. Para vender a um japonês, não faça gestos, cite outros japoneses que adquiriram seu produto, aproxime-se dele saudando-o niponicamente com sobriedade e respeito e fale num tom de voz bilabial. Para a cultura milenar do japonês, se você não faz gestos, é calmo, sério e tranqüilo como um lago plácido que reflete as estrelas do céu.

Agora, você sai dali e vai vender a um italiano. É o contrário do japonês. Precisa gesticular, fazer um terremoto de movimentos de corpo e alma, pois ele acredita que, se você não gesticula, é porque não acredita no que está dizendo. Enfim, não saber atuar dentro da cultura do cliente é uma das melhores maneiras de matar uma venda.

6. DAR DESCONTOS ANTES DE PRATICAR A NEGOCIAÇÃO

Muitas vezes o *marketing* ou a gerência comercial chega para o vendedor e diz: "Olha, meu amigo, negocie com o cliente, negocie, negocie e negocie. Mostre a tabela de preços e prazos por quantidade comprada, diga que clientes fiéis têm diferenciação de atendimento, negocie, meu amigo, negocie." Mas o vendedor não quer saber. Mal o cliente comenta que o preço está alto, o vendedor fala: "Mas eu lhe dou um desconto de 12% e o senhor só começa a pagar daqui a dois meses; além do mais, aceitamos cheques pré-datados ou em cinco vezes no cartão e blablablá." Ao deixar de negociar, você perde dinheiro e um futuro rentável nesta profissão fabulosa de vendas.

7. FAZER PERGUNTAS ERRADAS

Existem perguntas que são realmente erradas e há outras que, embora certas, poderiam ser melhores. Exemplo: se você vende uma lâmpada, seria uma pergunta errada dizer: "O senhor quer comprar uma lâmpada? Está interessado?" Mas há perguntas boas que poderiam ser melhores. Exemplo de uma pergunta boa: "Que tal o senhor economizar 17% em energia elétrica já no primeiro bimestre?" É boa, mas pode ser melhor: "Como o senhor vê, hoje em dia, os gastos de energia em seu setor industrial?" Ao começar por uma pergunta aberta, você dá a oportunidade de o cliente falar primeiro, de se posicionar como alvo. Em vendas lojistas, há também muitas perguntas erradas, também chamadas de perguntas mata-vendas do tipo: "O distinto deseja alguma coisa? Qual é a sua graça? Já foi atendido, chefe?... Fala, fera!... Oi, tio!..." e outras tão ruins quanto. A melhor maneira de abordar um cliente numa loja não é dizer: "Posso ajudar?..." OU: "Em que posso auxiliar?" O que tem mais dado certo é saudar o cliente com grande entusiasmo, sorrindo pelos dentes e pelos olhos e com um caloroso: "Bom-dia! Boa-tarde! Boa-noite!"

8. FAZER MAIS AFIRMAÇÕES QUE PERGUNTAS

É isso mesmo. O bom vendedor é aquele que faz mais perguntas que afirmações. Aliás, sei de muita gente que foi "em cana" por fazer afirmações, mas não conheço ninguém que foi preso por fazer perguntas. O vendedor que usa o método afirmativo mais que o investigativo está com o pé na cova da não-venda.

9. COMEÇAR A CONVERSA FALANDO DE SI MESMO E NÃO DO CLIENTE

Há vendedores, sejam lojistas, pracistas, domiciliares que começam uma venda assim: "Boa-tarde, eu me chamo José da Silva, represento a empresa X, trago uma boa notícia para o senhor, tenho um produto que é assim e assado, eu, eu, eu, eu. O comprador parece pensar: "E eu com isso?" Em vez de iniciar uma entrevista dizendo de si mesmo, comece falando do próprio cliente. Imagine que você se introduzisse assim: "Boa tarde, senhor Fábio, nós fizemos uma pesquisa sobre o seu negócio e chegamos a quatro conclusões interessantíssimas. Posso entrar?"

10. ACREDITAR QUE SEU CLIENTE SEMPRE DIRÁ A VERDADE

O cliente quer ter a certeza de que ninguém terá mais concessões do que ele. A função dele é conseguir o preço mínimo possível, é retirar toda a gordura do preço do vendedor. O cliente fará seu jogo. Cabe ao vendedor negociar e argumentar diante do blefe. Acontece que muitos vendedores creêm em tudo que ouvem. Se o cliente diz que o preço está alto, eles acreditam. Se ouvem que o prazo é longo, acreditam. E partem para fazer ligações para a empresa deixando seus gerentes loucos. Por fim, o cliente acaba por conseguir muito mais do que esperava obter. Diante deste quadro, você vai negociar ou perder tempo e dinheiro?

11. ACREDITAR QUE BOM MESMO É CLIENTE NOVO

Há vendedores que pensam assim: *"Bem, preciso achar a mina de ouro. E ela não está nesses clientes velhos. Esse negócio que custa sete vezes mais atrair clientes novos que seduzir os velhos, é conversa mole para boi dormir. Minha melhor venda está em um cliente que irei prospeccionar. Prospecção é o novo nome do jogo."* Êta, falha, hein?

Agora, leia a próxima falha.

12. ACREDITAR QUE BOM MESMO É CLIENTE VELHO

Ora, afinal, qual é o melhor cliente: o novo ou o velho? O segredo do sucesso é intercalar os dois, isto é, procure clientes novos todos os dias e encante os velhos sempre. Prospecção não anula a sedução. Também não adianta pensar que você já levantou num mês três ou quatro clientes bons e colocar toda a sua expectativa de ganho apenas nesses. Prospeccionar clientes novos e deslumbrar os antigos, essa, sim, é a nova fórmula do êxito em vendas.

13. NÃO SE ADAPTAR AO NÍVEL MENTAL, SOCIAL E ESCOLAR DO CLIENTE

Exemplo: tentar vender a um camponês simples, porém, você o visita de paletó e gravata. Ou vestir-se de camponês e tentar vender a um executivo. Ou falar palvras ditas "difíceis" e técnicas para uma pessoa de baixo nível de ensino ou alta escolaridade e baixa cultura. Em geral, o vendedor pensa assim: "Estou impressionando esse bobão, ele está percebendo que meu produto é excelente, pois tem até coisas que ele não entende." Mas o que o Cliente, na realidade, está pensando é: "Esse produto é muito para minha cabeça, é complicado demais, não posso manusear uma coisa que não entendo, quero algo que se pareça comigo."

14. CENTRALIZAR TODA A VENDA EM INFLUENCIADORES E NÃO EM DECISORES

Há momentos, em vendas, em que é preciso primeiro fazer a cabeça de influenciadores (engenheiros e técnicos, por exemplo) antes de procurar a pessoa que decide a compra. Mas influenciadores não compram o produto, pois eles não pagam, apenas adquirem a idéia ou dão opiniões a favor. É preciso identificar quem toma a decisão final e se concentrar nele. Vender para quem é simpático ao produto mas não tem o poder de compra, é demorar dez meses para vender, sendo que o assunto poderia ser resolvido em uma semana. Esta falha tem tudo a ver com a próxima falha:

15. VISITAR CERTO A PESSOA ERRADA OU VISITAR ERRADO A PESSOA CERTA

A pior coisa em vendas é visitar uma pessoa, ela lhe dá toda a atenção e você pensa, então: "Oba, já vendi!" E, lá no final, quando você tenta o fechamento, a pessoa lhe avisa: "Ah! eu gostei muito, só que a pessoa que decide está viajando. Não sou eu quem dou a palavra final." Ora, vender é você procurar o homem certo. Agora, raciocine comigo: Homem, em inglês, quer dizer MAN. Tem M, A, N. Lembre-se, então da dica que ouvi há anos e não me lembro do autor: M — de Money, de Moeda. A — de Autoridade para decidir a compra e N — de Necessidade. Quando você encontrar, numa mesma pessoa, estas três características, achou o MAN, o Homem Certo que vai lhe abrir portas. Fora disso é perda de tempo.

16. NÃO RECONHECER SEUS PONTOS FRACOS E FORTES

O vendedor campeão conhece seus pontos fracos e fortes, mas não só seus. Ele analisa e define também os pontos fortes e fracos de seus concorrentes, de seus clientes e mercado. O vendedor campeão coloca em ação recursos como: não basta apenas fortalecer pontos fracos, é preciso fortalecer ainda mais os pontos fortes. Descubra onde você é bom e se concentre nisso. Você tem boa voz? Então, narre mais do que mostre. Você não tem boa voz? Então, mostre mais do que narre, visualize seus argumentos. Você tem senso de humor? Então, use-o para vender. Você é sério, não tem personalidade extrovertida? Então, use o poder das evidências, convença com dados, fatos, estatísticas, *releases*, *reprints*, cartas de referências, gráficos, etc. Há sempre alguma coisa que cai melhor em você do que em qualquer outra pessoa. Cabe a você descobrir que coisa é essa.

17. APARÊNCIA DE SUOR E DE CANSAÇO DEMAIS

Aqui no Brasil, e em alguns países da Mercosul, e também em Portugal, no tremendo calor de agosto, é muito comum os vendedores externos vestidos de paletó e gravata, visitarem os clientes com aquela cara de pela-hora-da-morte. O mais natural é que o cliente olhe para esse tipo de vendedor e pense: "Este gajo aqui está cansado e suado. Ele é um malhador, um vendedor de rua, não deve ter carro com ar-condicionado, anda a pé, acho que seu produto não vale nada, senão ele estaria em melhor situação, acho que ele quer fazer de mim mais um trouxa, mas para cima de mim não, jacaré."

18. PRESSUPOSIÇÃO, PRECONCEITO OU INFERÊNCIA, POR EXEMPLO, JULGAR O CLIENTE PELA APARÊNCIA

Há um fato verídico interessante. Conta-se que um homem de aparência humilde chegou, quase maltrapilho, num hotel luxuoso. O recepcionista não o deixou se hospedar dando uma desculpa qualquer. O homem simples, percebendo a discriminação, não se conteve: chamou o proprietário, comprou o hotel, pagou à vista e despediu o recepcionista infeliz com banda de música e tudo. O homem simples acaba de chegar de uma de suas fazendas, estava com roupa de peão, mas era um milionário que não sabia onde colocar o dinheiro. Toma, vendedor discriminador, quem mandou confundir rabo de tatu com homem sem tutu.

Pressuposição, preconceito ou inferência são sempre excelentes ferramentas... para matar uma venda.

19. INEXPERIÊNCIA PARA IDENTIFICAR O QUE NÃO FOI DITO

Os grandes campeões de vendas sabem que, por detrás de uma negação, existem muitas afirmações subjacentes, ulteriores. Por exemplo: quando um cliente diz: "Não estou interessado", pode estar querendo dizer: "Você não me convenceu, não me moveu à ação, por isso, não quero." Quando ele nega, dizendo: "Seu preço está alto", pode estar afirmando sem dizer: "Este produto pode ser meu hoje, se você negociar preço comigo." Então, se é assim, por que entender cada objeção como negações se o cliente, com uma evasiva, esconde várias afirmativas? Identificar o que não foi dito daquilo que o cliente falou, é um grande segredo na arte de vender. A técnica, então, é: transforme a objeção em uma pergunta cuja resposta seja SIM.

20. DESORGANIZAÇÃO E IMPROVISAÇÃO

Desorganização quer dizer: se você não coloca em ordem seus argumentos, se conta uma história com enredo pobre e desmotivador, se apresenta fatos sem-pé-nem-cabeça, se começa sua fala de vendas pelo meio e termina pelo início, se não sabe onde encontrar uma informação preciosa dentro de sua própria pasta de vendas, é lógico que duas coisas acontecerão. Ou você mata as vendas, ou as vendas matam você para o sucesso. Por outro lado, com respeito a improvisação, duas coisas podem acontecer. Ao ter autoconfiança excessiva, você pode cometer o erro de não planejar nunca. E se é tímido e inseguro demais pode ir a outro excesso: planejar muito. Os dois são ruins e matam a venda.

21. FALAR RÁPIDO DEMAIS

Há vendedores que raciocinam assim: "Quanto mais rápido eu falar mais estarei mostrando ao cliente que sou comunicativo e um *show-man* e isso o impressionará e ele comprará." Mas é bem provável que o cliente, na verdade, pense: "Este cara fala demais porque é inseguro, quer me levar na conversa, gosta de deitar falação, mas eu não sou bobo, vou mostrar a ele que não sou de cair em papo-furado. Aposto que ele está frustrado, fala rápido porque não tirou nenhum pedido até agora. Mas prá cima de mim, não!"

E pronto, lá vão você e a venda pro brejo! O segredo, então, é falar pausado, com a calma interior de quem está acostumado a vender com sucesso. Ou respeitando a velocidade mental do cliente.

22. TRANSFERIR RESPONSABILIDADES

Esta sim é de matar a venda mesmo. Esta mata e não ressuscita nunca mais.

O cliente reclama, por exemplo, de um produto que comprou e ainda não foi entregue. Você o interrompe e tira o corpo fora, dizendo: "O senhor está certo, eu já estou cansado de dizer àqueles caras que trabalham no estoque que andem mais rápido, mas eles são uns molengas, não querem nada com a hora do Brasil. Olha, mas quero deixar bem claro que eu não tenho nada com isso, mesmo porque eu disse para eles que o senhor queria a mercadoria para ontem..." Neste caso e em todos os outros você tem que assumir responsabilidades, porque você é a empresa na mente do cliente. Você tem que acalmar os ânimos e transformar raiva em encantamento. Lembre-se que o imperdoável para o cliente não é o erro, é como a empresa reage ao erro. No caso do produto com entrega atrasada, você resolve no ato e dá alguma coisa ao cliente que compense o atraso. Por exemplo: você diz que a última prestação não será cobrada como forma de ele perdoar e coisas do tipo. Vender é você transformar clientes insatisfeitos em encantados. E isso exige criatividade.

23. ASSUMIR ATITUDE DE VENDEDOR EXAGERADO

Uma vez um vendedor atendeu a um cliente que estava interessado numa geladeira, e foi logo dizendo: "Veja, senhor Fulano, que geladeira sensacional! O senhor acha que é possível melhorar uma maravilha dessa? Esta geladeira só falta falar! Olha que cores, que motor, que fantástico espaço interior!" Esta é uma atitude de vendedor exagerado. Você está deixando no ar a impressão de quem está querendo se livrar de algo que o incomoda e isso é ruim. Qual a dica? É simples: apresente um benefício impactual que contenha vantagens interessantes. Apresente seu motivo benéfico e cale a boca. Quem falar primeiro, perde.

24. VENDER PARTINDO DE SI MESMO E NÃO DO CLIENTE

Esta falha é terrível. Consiste em você vender pensando mais em suas necessidades de negociar do que nas do cliente. Pressionado pelo aluguel, pelas contas do supermercado, colégio dos filhos, etc., você tende a pressionar o cliente para que compre. Pense primeiro no Cliente, tenha como objetivos encantá-lo e lembre-se: é ele quem paga nossas contas.

25. NÃO MANTER O SENSO DE HUMOR

Senso de humor não é ser humorista, fazer gracinhas com o cliente, contar piadinhas desconcertantes, ou manter excesso de intimidade. Eu vou dar um exemplo de senso de humor desarmante. Vendedor chega numa empresa e encontra a secretária que ele não conhecia. Ela estava com a cara fechada, de poucos amigos, secretária pára-choque que barra tudo e todos. O vendedor aproximou-se e notou que estava pregado na parede um cartaz com a foto do James Bond, o agente 007. O vendedor olhou para o cartaz, sorriu para a Lúcia, e comentou: "Olá, dona Lúcia, sabia que a senhora é mais importante que um agente secreto deste? É que a palavra secretária quer dizer: aquela que guarda a área secreta da empresa, daí secreta + área é igual a secretária." É claro que ele devia ter dito isso algumas vezes e se dado mal, mas a grande verdade é que senso de humor abre portas, desarma resistências, facilita o relacionamento, cria clima motivacional e torna a vida e a venda melhores.

26. SER ENGRAÇADINHO (OU SERÁ DESGRAÇADINHO?)

Há vendedores que confundem senso de humor com ser engraçadinho. Então, chegam para um cliente que se chama Pereira e vão logo brincando: "E aí, seu Oliveira, tem produzido muita oliva?" Ou para Pedro Rocha: "E aí, seu Rocha, o senhor é firme como uma rocha?" "Aí, Rosângela: quer dizer que você é uma mistura de Rosa com Anjo?"

27. AUTOMATIZAÇÃO DOS ARGUMENTOS

É o caso de o vendedor falar a mesma frase ou repetir o chavão de abertura da venda ou os mesmos argumentos para todos os Clientes. Com o tempo aquilo fica mecânico, perde o calor e se torna desinteressante. Há vendedores que decoram seu texto persuasivo como se fossem papagaios da venda. Venda criativamente, mesmo porque criatividade é você partir do conhecido para o desconhecido.

28. VENDER CARACTERÍSTICAS E NÃO BENEFÍCIOS

Isso já foi falado, mas é sempre bom lembrar que essa é uma das maiores falhas dos vendedores. O importante não é dizer: "O aspirador tem dupla sucção" e, sim que ele "consegue retirar certas sujeiras que ficam bem escondidinhas nos cantinhos da parede. Com isso a senhora não precisa fazer esforços para limpar a casa, não força sua coluna e recebe mais elogios pela casa limpa que terá..." Não diga à mulher que o chapéu é impermeável. Diga: "Seu penteado não se desmancha, não molha..." E você? Tem vendido benefícios ou características?

29. NÃO SABER VENDER A ENTREVISTA

Anota aí: antes de alguém adquirir seu produto, deve comprar você em suas primeiras palavras. Se não souber vender suas duas ou três frases iniciais, tudo estará perdido.

Escreva em seu caderninho de sucessos: eu preciso vender minhas palavras iniciais. Eu preciso vender nos cinco segundos fatais os meus próximos cinco minutos. E o que fizer nos primeiros cinco minutos determinarão o meu destino. E no meu destino está o de minha empresa. Logo, o destino de minha empresa depende de meus cinco segundos.

30. INADEQUAÇÃO DE COMUNICAÇÃO VERBO-GESTUAL

Isto é: permitir que sua comunicação corporal desminta a comunicação verbal. Exemplo: sua boca diz: "Estou interessado em que o senhor se sinta bem com este produto." Mas seu corpo está falando outra coisa: "Sabe, estou interessado mesmo é na comissão que vou ganhar em cima de seu pedido..."

31. ACHAR QUE PREÇO É A ÚNICA COISA QUE AS PESSOAS ESTÃO INTERESSADAS

Tudo bem! É verdade que se os produtos estão se tornando iguais, os preços tenderão também a se tornarem semelhantes. Tudo bem que a qualidade do produto está cada vez mais sendo desvinculada do preço alto. Mas o cliente não compra só o produto. Ele adquire o artigo ampliado. Compra o programa de vendas da empresa. Compra o PLUS, o algo mais de sua marca. Compra confiança e valor agregado. Nunca uma Ferrari terá o preço de um Fusquinha. Venda seu preço com convicção e argumentos.

32. INCAPACIDADE PARA FAZER AUTO-CRÍTICA

É claro: se você não vende e não sabe por que não negociou, é porque não sabe se auto-diagnosticar, fazer auto-análise e auto-crítica. O bom vendedor não é aquele que não fracassa. É aquele que faz dos fracassos de hoje o trampolim para o sucesso de amanhã. Será um campeão de vendas o vendedor que pensar assim: "Eu visitei 10 Clientes ontem e não vendi para nenhum. Ora, eu não fracassei 10 vezes. Eu apenas descobri em mim 10 maneiras de abordar clientes que não funcionam, 10 técnicas que não dão certo. Vou experimentar outras." E assim vai. É essa mentalidade que fará de você um bem sucedido em vendas. Boa sorte. E muito sucesso em vendas.

Os 10 Aviões Terroristas das Vendas

Para ter sucesso continuado em vendas e atingir uma superação de desempenho máximo, não embarque nunca nesses 10 aviões

Toda venda é formada por **dois altos edifícios que são ATMOSFERA e VALOR**.

Vender é criar uma ATMOSFERA positiva para a compra que leve o cliente a perceber inegável VALOR nos produtos/serviços que o profissional de vendas oferece. Por favor, não deixe esses 10 aviões destruírem o seu *World Trade Center* que são suas duas estruturas, isto é, os resultados pessoais e profissionais:

1. ESSE MEU RAMO ESTÁ PARADO, NINGUÉM ESTÁ COMPRANDO NADA

Não existe ramo parado. Existe vendedor parado. Demanda não acordada. Empresa que não anuncia. Vendedor que não visita. Gerente que não busca alternativas diante das variáveis incontroláveis das novas mudanças. Não embarque no *Avião do Pessimismo*.

2. PARA VENDER MAIS EU PRECISO DESCOBRIR PONTOS FRACOS

Errado. Vender não é descobrir pontos fracos, é achar alvos fortes. Clientes não têm pontos fracos, têm necessidades, desejos e preocupações a serem localizados e resolvidos. Saia fora do *Avião das Rotas Erradas*.

3. BOM PROFISSIONAL VENDE ATÉ GELADEIRA PARA ESQUIMÓ

Vende nada. Ou vende uma vez só. Pare de acreditar na bobagem de que excelência é conhecer 1% de todas as coisas e não 100% de uma coisa só. Seja generalista na especialização. Pule enquanto é tempo do *Avião da Falta de Foco*.

4. MEUS CLIENTES SÃO FIÉIS

Ah! Ah! gostei, conta outra! Ser fiel não é postura do cliente, é somente sua. Lembra do exemplo de centenas de empresas que tinham clientes fidelizados e que faliram? Fidelização é uma ciência (sistemas sedutores, *contact center,* etc.) e uma arte (comportamento, relacionamento, etc). Passe longe do *Avião das Falsas Crenças.*

5. VENDER É SABER FALAR DOS BENEFÍCIOS

Troque por: vender é desentocar problemas e necessidades, para só depois encaixar benefícios. Se não pensar assim, você vai ser o tipo que atira míssil para matar minhocas. Não entre nunca no *Avião das Prioridades Equivocadas.*

6. NUNCA REJEITE UM CLIENTE

Rejeite, sim! Se ele for devedor inveterado ou carne de pescoço, manda para o concorrente. Não decole com o *Avião das Prospecções do Prejuízo.*

7. COM ESSA MALDITA LISTA DE PREÇOS NINGUÉM COMPRA

Pare de pensar em preços e invista em serviços ao cliente. Pense em seduzir seu consumidor numa relação ganha-ganha. Se não agir assim, você será apenas o vendedor do precinho e prazão. Não se exploda junto com o *Avião das Desculpas Doidas.*

8. VENDER É SER ESPECIALISTA EM PRODUTOS

Não é mais. Vender é ser especialista em clientes. Esqueça o *Avião dos Objetivos Bêbados.*

9. SE EU NÃO DER DESCONTO, NÃO VENDO

Já notou que numa mesma empresa existe aquele que só vende em cima de desconto enquanto outro vende sem descontar nada? Você vende em cima dos mitos que acredita ou das percepções erradas. Salte agora do *Avião das Concessões Burras.*

10. NÃO ESTÁ QUERENDO NADA PRÁ HOJE, NÃO?

Quando você começa uma venda usando o maldito *não,* você prepara a mente do cliente para o *não* e isso detona a assertividade. Troque o não pelo "como", exemplo: "Posso lhe mostrar como melhorar seus..." Não viaje no *Avião dos Argumentos Pernas-de pau.*

Se você evitar embarcar nesses 10 aviões básicos do insucesso em vendas, o seu *World Trade Center* pessoal e profissional permanecerá sempre em pé.

Capítulo 11

Os Inimigos da Superação: Livre-se Deles

Os 20 Bandidos da Venda
Ou: Os 20 erros que você deve evitar para não provocar objeções adormecidas...

Era uma vez 20 prisioneiros de alta periculosidade que escaparam da penitenciária *OSAC — Objeções Sossegadas, Adormecidas e Calmas*. Mas escaparam por que? Porque você foi mexer com eles, foi provocá-los. Esses prisioneiros são perigosos e não podem ser incitados porque causam uma rebelião em suas vendas. Em geral, se você não vendeu, é porque deixou um deles escapar. Deixe de ser o vendedor caçador de Objeções Evasivas desnecessariamente provocadas. Para deixar esses bandidos bem quietinhos e ter mais sucesso em vendas, anote o que você **NUNCA** deve fazer.

1. NUNCA use expressões de baixo astral, do tipo: "O problema é... Nossa dificuldade é..." Quando você diz isso, o cliente solta o *Bandido da Contestação*: — "Péra" aí, você é pago para ser parte do problema ou da solução? Por isso, diga: "nosso desafio é..." A diferença entre problema e desafio é onde você coloca sua atitude.

2. NUNCA use expressões que coloquem em xeque a inteligência de seu cliente, do tipo: "Não é bem assim... O senhor não entendeu... Nada disso..." Diga: "O senhor entendeu muito bem um aspecto da questão, permita-me que lhe mostre um outro..." Dê reforço proativo de apoio. Sempre. Não provoque o *Bandido da Baixa-Estima* ou do *"Estou me sentindo mal por ouvir isso."* Ao se sentir mal, o cliente é só objeções.

3. NUNCA use frases que impliquem ordens: "...O senhor terá que... O senhor deve... Primeiro é preciso que..." Deixe calmo o *Bandido do Autoritarismo Bobo*.

4. NUNCA use frases que comprometem a confiança, do tipo: "Para ser honesto... Para dizer a verdade... Vou ser sincero com o senhor..." Quando você fala assim, o cliente solta o *Bandido do Descrédito*: "Então, quer dizer que você é honesto apenas algumas vezes?"

5. NUNCA use verbos no condicional: Eu gostaria... Eu poderia... eu queria... Esses verbos soltam o *Bandido da Insegurança*. O cliente pensa: "Ora, drogas, esse cara *poderia*, ou *pode*? *Ele gostaria ou gosta? Ele quer ou não?*" Diga: "*Posso* lhe mostrar como aumentar o desempenho de seu setor em 17%? Usando verbos como gostaria, poderia, queria e outros do gênero, você gera clima de falta de autoconfiança que é a mãe da convicção e avó da persuasão. Não mate a família toda com esses verbos.

6. NUNCA passe incerteza: "Eu acho que... não tenho certeza... talvez, sim, talvez, não..." Diga: "Vou verificar agora mesmo e lhe passo essa informação..." OU: "Levantarei esses dados para que o senhor obtenha o melhor desse produto." Deixe bem trancadinho o *Bandido do Eu Achismo.*

7. NUNCA superestime a inteligência dos outros. Às vezes você diz a um comprador adolescente: "Você pode pagar pelo boleto, se quiser." Ele pensa: "Sei lá o que é esse "treco" de boleto, mas também não vou perguntar para não passar por burro." Diga: "Você pode pagar lá no banco, se quiser..." Não provoque o *Bandido do* Status.

8. NUNCA deixe de pensar como diagnosticador de problemas, solucionador de necessidades e apresentador de alternativas. Pensando assim você não terá objeções? Claro que terá. Mas as tratará como amigas e não como maldições. Não faça viver o *Bandido Póstumo* das técnicas que funcionavam no tempo das carruagens.

9. NUNCA aceite evasivas como respostas. Diga: "Compreendo sua dúvida. Vou lhe mostrar alguns resultados ótimos que seus concorrentes vem conseguindo com meu produto..." Atenda e venda. Desative o *Bandido do Cozinhamento Dialético do Galo Filosófico* ou do "*Nós viemos aqui pra vender ou pra conversar?*".

10. NUNCA diga: "Vou *provar* para o senhor que meu produto é melhor..." Quando você diz isso, leva o cliente a uma postura defensiva, do tipo: — Então, prove, vamos ver se você é capaz!" Diga: "Vou lhe *mostrar* que..." *Mostrar* é empático. *Provar* acorda objeções adormecidas... Prove, sem usar o vocábulo provar, diga: "Tenho aqui alguns dados que..." Solte o mocinho da harmonia, não o *Bandido Adversativo Subconsciente.*

11. NUNCA diga: "Desculpe incomodá-lo." Essas duas palavras são excelentes... para provocar objeções. No cérebro emocional do cliente "desculpa" e "incômodo" ditos, logo no início da entrevista, se transformam no

Bandido da Incoerência, pois levam o cliente a pensar: "Que raio de abordagem é essa? Afinal, esse vendedor veio aqui para resolver minha necessidade ou para se desculpar? Se o que ele vende é bom para mim, por que, então, acha que vou me incomodar?" Diga: "Estou aqui para lhe mostrar de que maneira nossa fórmula fungicida aumentará em 70% as chances de uma colheita lucrativa..."

12. NUNCA diga, por exemplo: "Vou lhe mostrar uma lancha para o senhor que precisa se divertir..." Esta frase desperta o _Bandido do Sentimento de Culpa_, pois leva o subconsciente do cliente a criar uma porção de dúvidas: "Eu, me divertir, numa época em que é tão difícil ganhar dinheiro?" Isso tecnicamente se chama dissonância cognitiva, isto é, ele quer (divertir é ótimo), mas tem culpa (mas a vida está tão dura para eu gastar dinheiro com diversões?). A solução é dar PERMISSÃO PSÍQUICA ao cliente para que compre. Para isso, diga-lhe: "Vou lhe mostrar um tipo de férias que recarregará as baterias de sua mente e fará de você uma pessoa nova para o dia-a-dia de seu trabalho..."

13. NUNCA diga: "Se o produto quebrar ou apresentar defeitos..." Diga: "Nós temos uma assistência técnica altamente eficaz e organizada." OU: "O pessoal de nossa assistência técnica fica o tempo todo na boa vida, a qualidade dos produtos faz com que eles não tenham quase nenhum trabalho..." Não use frases ou palavras que abrem as portas do temível _Bandido da Dúvida_ ou do "será que isso é bom mesmo?"

14. NUNCA diga: "Este outro modelo aqui é mais caro... Quando você diz isso, a palavra que vem na cabeça do cliente é "caro", sangue, suor e lágrimas. Ao invés disso, diga: "Este outro modelo aqui tem mais vantagens." Em que as pessoas estão interessadas? Em algo caro ou em algo vantajoso? Por favor, deixe bem amarrado lá na cela o _Bandido das Imagens Mentais Negativas._

15. NUNCA diga: "O preço é esse, fora o frete..." OU: "O senhor já está sabendo que cobramos frete, não?" Ao ouvir isso, o cliente deixa escapar o _Bandido da Frustração de Compras_, pois pensa: "Caramba, tem mais essa! Cobrança? Tem esse negócio ainda de cobrar frete! Fora o frete!" Então tem esse tal de "fora". Faça o cliente perceber o frete como parte do PRODUTO AMPLIADO. Diga: "Senhor Fulano, a qualidade das entregas é o nosso forte. O seu produto chega em sua casa em perfeito estado e na hora que marcarmos." Isso é bom, certo? Frete é sinônimo de Alegria. Não de Frustração.

16. NUNCA diga: "Nossa empresa nunca deu cano na praça e..." O cliente pensa: "Se cano é o que você tem na cabeça, então, pode crer, sua empresa já deu cano em alguém, além do mais, se eu não lancei nenhuma dúvida, por que você está se defendendo assim?" Diga: "Recebemos o prêmio Atendimento de Ouro da Associação Internacional de Qualidade em

dois itens: garantia e confiabilidade." Não desenjaule o *Bandido da Lebre*, do tipo: "onde tem fumaça tem fogo".

17. NUNCA diga: "Todo mês o senhor vai ter que pagar tanto por isso..." Diga: "O seu investimento mensal será de..." Se o seu produto tem um benefício tão bom assim como você argumenta, então, ele não é um encargo, não é um dever, é um investimento. Para que despertar o *Bandido da Obrigatoriedade Pesada?* Deixe o cara dormindo lá na jaula.

18. NUNCA use gírias: "Tá manero... tá limpo... tudo em cima... Vou ver se quebro o galho." Quando você desperta o *Bandido da Falação Inculta* ele provoca um grande estrago nas suas vendas e as objeções fazem a festa. Pior que gíria, é trocadilho bobo do tipo do vendedor que chega para o comprador Pereira e diz: "E aí, seu Pereira, tem plantado muita pêra? E aí, seu José Costa, está com as Costas Largas hoje?"

19. NUNCA inicie uma frase com a negativa "não": "O senhor *não* deseja conhecer um detergente que, ao mesmo tempo que limpa, mata os germes e perfuma? Pior é dizer: "O senhor não quer não, não?" Não use anzóis para fisgar objeções ou rejeições. Quando age assim você desperta o *Bandido da Antecipação Negativa.* Diga: "Quero que conheça um benefício tríplice para sua indústria que reduz seu desperdício em tantos por cento e..."

20. NUNCA use verbos fracos que fazem a venda ficar desinteressante, do tipo: "Este produto contém clorofila e... Ele possui uma camada que..." O cliente pensa: "O que me interessa o que o seu produto contém, ou é? Eu quero saber, sim, o que ele pode fazer por mim." Por isso, use verbos fortes como: maximizar, aumentar, minimizar, diminuir, manter, atingir, economizar, lucrar, promover, etc. Exemplos: — Esse sapato de corrida *aumenta* seu desempenho de corrida e suas marcas na competição... Este produto vai *diminuir* o impacto da madeira na máquina e *aumentar* o número de cortes por minuto..." Não deixe o *Bandido do Desinteresse* mostrar as armas para você.

Por fim, estude esses 20 bandidos, mas não trate objeções ou o cliente como bandidos. Ele não é um bandido: é quem paga a conta. Objeções não são bandidos: são marcos orientadores da venda. O cliente não é um CHATO, é uma TOCHA (notou que *chato* é *tocha* de trás para a frente?) que ilumina seu caminho de profissional da venda. Na era do cliente consciente, ouça tudo com afeto envolvente, anote-lhe as ansiedades, alegre-se quando ele objetar, mas, por favor: para quê cutucar com vara curta o que está adormecido? Venda gerando sintonia inteligente. O contrário disso é se estressar correndo atrás de objeções que não precisavam estar soltas, objeções essas que, infelizmente, você mesmo soltou ou gerou uma situação para que o cliente as deixasse escapar. Não jogue pedra em leão adormecido. A vítima pode ser você.

O Ninho Maldito das Vendas
Ou: Os seis urubus que fazem você perder vendas.

Você está perdendo vendas?
Só você? Cadê os outros?

Eu, por exemplo, conheci um sujeito que nunca perdeu uma venda na vida (a verdade é que ele era também o maior mentiroso do mundo, mas deixa para lá).

Depois de 27 anos preparando vendedores, cheguei à conclusão que eles não vendem porque, dentro da cabeça deles, há um ninho maldito onde chocam seis urubus. Se você matar esse ninho, destrói esses urubus e será um vendedor campeão. Os urubus são os seguintes:

1. O URUBU DO "CONHEÇO TUDO SOBRE MEU NEGÓCIO E NADA SOBRE O DO CLIENTE"

Tem vendedor que pensa assim: Eu conheço tudo sobre meu produto ou serviço. *Bem, isso é ótimo, mas acontece que esse axioma contém um urubu maldito composto por um mito terrível que é o seguinte: Eu conheço tudo sobre meu negócio e nada (ou quase nada) sobre meu cliente. O vendedor campeão não entra nessa. Vende mais quem conhece 50% sobre o seu negócio e 50% sobre o do cliente. Pensando assim, você começa uma entrevista criando impacto:* "Estou lhe visitando porque fizemos uma pesquisa sobre o seu negócio e descobrimos quatro fatos que há muito tempo o senhor pensou em ouvir, posso entrar?" *Se você conhece tudo sobre o seu negócio e pouco sobre o cliente, aí, então, não vende, você explica e, hoje em dia, quem sabe vende, quem não sabe, explica.*

2. O URUBU DO "O FECHAMENTO DA VENDA COMEÇA QUANDO EU TIVER REFUTADO CORRETAMENTE TODAS AS OBJEÇÕES"

Confesso que eu não acredito nessa tal de fases da venda. Principalmente a maneira antiga de pensar que era dividir a venda em Pré-aproximação, Aproximação, Exposição, Demonstração, Refutação, Conclusão e Novas Indicações. Ora, bolas, onde começa o fechamento de uma venda? Será que é depois que você respondeu às objeções? Não, se formos pensar em fases da venda, podemos dizer que o fechamento começa, então, quando você se levanta da cama, porque há vendedor que acorda fechando e outro que acorda fechado. O segredo do sucesso é a Pré-venda e a Pós-venda. Lembra do que já falamos aqui: não existe mais venda. Comprar é conseqüência desses dois (note que eu escrevi "comprar", não vender).

3. O URUBU DO "CLIENTE QUANDO NÃO QUER COMPRAR INVENTA CADA DESCULPA!"

Errado de novo. Cliente só pode dar cinco desculpas que são as decisões do ato de comprar. Explicando de novo: ele só pode dizer: 1. Não tenho necessidade (ou, não sei se preciso disso, etc.); 2. Não gostei do produto (ou da cor, ou da embalagem, ou das especificações técnicas ou do serviço que acompanha o produto ampliado, etc.); 3. Não gostei da Fonte Fornecedora que são vocês (ou coisas sobre a fonte do tipo, não gostei do sistema de cobrança de vocês, do programa de vendas, gostei mais do concorrente, etc.); 4. Não gostei do Tempo (ou do prazo, ou me visite outro dia, ou, depois eu volto, etc.) e 5. Não gostei do preço. Pode queimar sua cabeça. Nunca encontrei ninguém que me mostrasse uma sexta coisa que um cliente pudesse dizer para não comprar. Quer tentar? Mas, pense: isso que você acha que seria uma sexta coisa não seria uma variável dessas cinco? Um cliente só pode dizer cinco coisas para não comprar. Você pode dizer mais de mil para ele comprar. E mesmo assim você perde vendas, hein?

4. O URUBU DO "VENDER É TER ARGUMENTOS PODEROSOS"

Parece loucura discordar desse urubu, não? Pois digo que você está perdendo vendas por acreditar nisso. Vender não é ter argumentos fortes, é possuir alvos fortes. Você passou a vida toda caçando argumentos que vendem e esqueceu de pensar pelo lado do cliente. O que ele quer? O que ele sente? Como posso encantá-lo, seduzi-lo, deslumbrá-lo? Como posso não vender, mas demandar? Como posso fazê-lo se apaixonar por tudo que represento e criar fidelização? Mas, se nunca pensou dessa forma, você diz: "O meu negócio é vender, é tirar o dinheiro do cliente, é fechar negócios." Então, não me leve a mal, mas sua cabeça é um ninho de urubus. Você é o rei dos argumentos e o mendigo das vendas. Na sua empresa há alguém que tem menos argumentos que você e, no entanto, vende mais? Você nunca entendeu o porquê, não? É que ele tem menos argumentos, mas acha que fechar a boca e abrir os ouvidos é sinal de alta inteligência emocional em relacionamentos produtivos. O que é poderoso nele não são os argumentos, é a sintonia que ele cria quando abre a boca. Ele vende com a cabeça leve. Acredite: urubus são muito pesados.

5. O URUBU DO "VENDER É DIZER PARA O CLIENTE O QUE O PRODUTO É"

Eis aqui a explicação por que talvez você sempre perde vendas. Afugente esse urubu de seu ninho de pensamento. Vender não é dizer o que o produto é, mas sim o que ele pode fazer pelo cliente. Mais uma vez leia e anote: não venda características, venda benefícios. Não venda cama, mas sonhos maravilhosos. Pensar diferente disso, é atrair objeções.

6. O URUBU DO "OBJEÇÃO É A PIOR PARTE DA VENDA"

Não é não. É a melhor parte da venda. Sem ela, os produtos se venderiam por si sós e você estaria desempregado. Imagine que o cliente é uma porta trancada. Objeções são chaves de ouro que destrancam portas para o outro lado da felicidade. São eles mesmos, os clientes, que lhe dão as chaves. Para finalizar: aja positivo que você pensará positivo. E quando seu pensamento não é uma carne putrefata de desânimo e reclamações, os urubus fogem. Mas... o que você vai pôr no lugar desses urubus? Coloque Águias. Aja e pense grande que atrairá águias. Mais do que isso: você será uma delas. Você nasceu para as alturas. Bata suas duas poderosas asas, das habilidades e atitudes, e com a visão do conhecimento atinja suas metas. Você merece!

Capítulo 12

As Leis da Superação

As Leis que Transformam Profissionais Comuns em Vencedores Incomuns

Você está sendo massacrado por dificuldades na arte de convencer? Está desanimado e quase disposto a desistir de vender? Espere, dê mais uma chance à venda. Antes de desistir de vez, aplique essas 12 leis e, depois, fracasse se for capaz.

1. LEI INFO

Info quer dizer *Informação*. O vendedor de sucesso indaga antes de argumentar. Coleta dados e fatos, investiga, faz pré-venda e age. Você é um vendedor com *sucesso potencial*. Troque objeções por informações. É o mesmo que trocar fracasso por vitórias.

2. LEI COTEC

Significa *Conhecimentos Técnicos*, porém centrados no cliente e não em narrações, descrições e explicações de produtos. Por exemplo: você sabe mesmo o que o *"terceiro acessório da dupla ignição"* **pode fazer** para melhorar a vida do cliente? Entender isso pode ser a diferença entre o fracasso e o sucesso em vendas.

3. LEI IREV

Quer dizer *interesse reversível*. Esta lei diz que as pessoas somente se interessam por nós no mesmo grau, proporção, intensidade e volume de nossos interesses por elas. Será que você não está tendo dificuldades em vender porque está se interessando muito pela comissão e não pela missão? Gostar de pessoas é o primeiro passo para o êxito em vendas.

4. LEI DA ORGANIZAÇÃO

Administre seu tempo para adquirir o complexo de campeão, organize pastas e idéias, divida clientes em A, B e C, classifique seus argumentos em ordem de importância e notará um milagre: as dificuldades diminuirão, as vendas aumentarão e cada vez mais você dirá que vender é um excelente negócio.

5. LEI DA ADAPTAÇÃO

Há mais de 20 tipos de compradores: Zé Bronquinha, Chatildo, Calado, Falador, Cerimonioso, Afobado, Liberal, Racional, Humilde, Empolgado, Dr. Sabe Tudo, Indeciso, etc. Esqueça a famosa *CPV — Conversa Padronizada de Venda*. Para cada cliente, adapte-se. Para o Zé Bronquinha ou Queixoso, descubra um ponto de concordância, elogie-lhe a opinião ou a inteligência e você transformará adversidade em amizade. Adaptar é vender.

6. LEI DO SACO VAZIO

Se não acredita no que vende, você é fraco no que diz. E você não pára em pé.

7. LEI DA CLAREZA

Se você não é claro, objetivo e direto quando argumenta, atrai a desconfiança. E a desconfiança é a mãe de todos os problemas na arte de vender. Melhore sua clareza e suas vendas acontecerão.

8. LEI DA INICIATIVA

Não importa o número de negativas que você ouve no dia-a-dia, o que vale é você não deixar que o desânimo se transforme em estoque de pessimismo. Recomece no outro dia com uma nova abordagem, enfoque, argumento. Atitudes que inicializam ações vencedoras: essa é a fórmula.

9. LEI DO ENTUSIASMO

Ele é a energia motivacional que empurra para as metas quando você acredita no que vende e o faz com bom humor. Entusiasmo é vibrar com eloqüência, fazendo o cliente perceber que você vende para os outros o que comprou primeiro para si. Quando tem entusiasmo, você não vê barreiras, somente oportunidades para o fechamento.

10. LEI DAS METAS

A matéria-prima da felicidade é a motivação, e a matéria-prima da motivação é uma Meta definida, escrita, com data-fatal-limite. É preciso ter Meta até diante do fracasso, obstáculos, objeções e outros empecilhos. Raciocine assim: *"Se eu disser tal argumento e o cliente me fizer tal objeção eu vou experimentar tal recurso de venda."* Pensar diferente disso é ser movido a intenções e disso o inferno das vendas perdidas está cheio.

11. LEI DA DISCIPLINA E DA PERSISTÊNCIA

Disciplina para você seguir roteiro, relatório e ordens e persistência para encontrar alternativas diante de negativas. Quando você diz: "A crise está difícil e meus concorrentes são desonestos", desiste de procurar portas de saída. Vender é encontrar portas e, se não achá-las, invente uma. Mas, desistir, nunca.

12. LEI DA ÉTICA E DA ESPIRITUALIDADE

Ética com espiritualidade é melhor que ética situacional. Quando você acredita em valores eternos, como sinceridade, honestidade, verdade, amor, etc., cria sintonia e harmonia que tendem a afastar os obstáculos e melhorar as vendas.

Aplique essas 12 leis básicas, as dificuldades diminuirão e sua autoestima (como se sente) e a auto-imagem (como se vê) farão as vendas acontecerem melhor ainda.

CLIENTE DIFÍCIL

Se você tomar coragem
e visitar aquele cliente difícil
o máximo que pode acontecer
é ele "te colocar prá fora".

Mas acontece que
como você ainda não o visitou
você já está prá fora.

Isso quer dizer que
o máximo que pode acontecer
é você voltar
para onde já está.

Então,
mude, mande seu medo irracional pro inferno,
ligue sua inteligência emocional,
dê um passo além da timidez
e visite aquele cliente difícil.

Capítulo 13

Como Superar Vendas Ruins Usando Benefícios Ótimos

Como Vender um Cachorro para quem não Gosta de Cachorros

Quer se superar em vendas a cada dia? É só mudar a direção de seus argumentos.

ERA UMA VEZ um vendedor que estava desempregado.

Para não passar fome, ele decidiu vender seu cachorro, um animal de altíssimo nível cachorral, com PhD em latidos e um currículo real, não fantasioso, em cachorrologia.

Procurou um fazendeiro e foi logo argumentando: "O senhor não deseja comprar um cachorro com *pedigree*?" A resposta do fazendeiro foi um enfático NÃO.

Foi aí que o dono do cachorro começou a argumentar: "Mas esse cachorro é especial, ele late melhor que o Luciano Pavarotti." De novo, o fazendeiro disse NÃO.

Mas o vendedor não desistiu: "Mas ele corre como um atleta olímpico, caça ratos melhor do que gatos..." O fazendeiro, já impaciente, soltou da jaula mais um nervoso NÃO.

O insistente vendedor sacou mais um argumento: "Mas o pai deste cachorro foi campeão mundial de caça ao urubu!" A resposta do fazendeiro era sempre a mesma: "Ele é um excelente cachorro, mas não estou interessado." O vendedor, desanimado, colocou o cachorro em seu carro velho, freou a tristeza, acelerou a raiva e voltou para casa. Quando lá chegou, qual foi sua surpresa: encontrou seu primo, um velho sábio, campeão de vendas do passado. O primo campeão ouviu toda a história do parente frustrado e disse: "Vamos voltar lá. Você quer apostar que aquele fazendeiro vai comprar esse cachorro?". "Impossível!, esgotei todos meus argumentos, aquele cara não compra nem nota de mil reais por cinqüenta centavos." O velho campeão de vendas colocou o cachorro no banco de trás do carro e se mandou para a fazenda. Procurou o mesmo fazendeiro e, depois das apresentações, começou o diálogo: "Que linda fazenda o senhor tem, parabéns. Mas que lindas galinhas, que belos pintinhos! Eu imagino que o senhor não tem problemas aqui com gaviões e outras aves de rapina tentando devorar esses pintinhos, concorda?". "Ah! esse é um problema terrível", comentou o fazendeiro, eu tive até que contratar um empregado para ficar de olho o tempo todo, pois os gaviões atacam mesmo". "Puxa" continuou o vendedor campeão, "que falta faz um cachorro especialista em proteger pintinhos dos gaviões! E eu conheço um cachorro que, se o gavião voar baixinho, ele pula e pega. Inclusive, se o senhor tivesse um cachorro assim, iria economizar em encargos sociais, legais e trabalhistas, pois teria uma folha de pagamento mais enxuta."

— O senhor tem problemas com ladrões aqui na sua fazenda? — perguntou o sábio campeão. — Na minha fazenda, felizmente, não, mas, no meu vizinho, só no semestre passado apareceram dois. — Puxa, vida! Mas que falta faz um cachorro que de noite e de dia afugente essa cambada de vagabundos que querem tirar o seu lucro!

— Bem, mas de uma coisa eu tenho certeza. Aqui em sua fazenda não há ratos!

— Todo mundo pensa que não, mas só eu sei quantos existem!

— Puxa! Se houvesse um cachorro que caçasse ratos tão bem como gatos, mas que fosse amigo do dono, e não da casa, como é o caso dos felinos, seria um bom negócio, concorda?

— Sim, seria sim! — concluiu o fazendeiro, entusiasmado.

Bem, o velho campeão continuou a argumentar poderosamente. Ele transformava necessidades latentes em evidentes, problemas em soluções e convencia sem manipular. Os argumentos eram claros e fortes. O cachorro ainda ajudaria o fazendeiro a guardar as ovelhas sem que nenhuma fugisse. Dividiria a solidão dos filhos pequenos do fazendeiro, pois todos brincariam com o cachorro, que também era jovem. Diminuiria os custos com empregados e por aí vai.

— Olha, seu Antunes, esta sua fazenda só tem mesmo um defeito: não é minha.

O fazendeiro, descontraído e curioso, disse: — Bem, o senhor chegou aqui na fazenda, me deixou com água na boca para conhecer esse cão e agora vai embora? Como faço para encontrar um cachorro assim?

— O senhor quer mesmo conhecê-lo?
— Claro que sim. Onde ele está?
— LULUUUU, saia daí debaixo do banco do carro e venha conhecer seu novo dono.

E o fazendeiro e o Lulu se conheceram e foram felizes para sempre.

Cinco Conclusões nada Caninas desta História do Cachorro

1. O primeiro vendedor era especialista em cachorros (produtos). O segundo era especialista em clientes. Essa é toda a diferença. Outra coisa: o primeiro fracassou porque tentou vender características e o segundo vendeu benefícios.

2. *Que linda fazenda o senhor tem, parabéns!* Este é um recurso mais velho que o cachorro de Pavlov, mas ainda funciona. Elogie com carícias positivas, gere sintonia e sinergia.

3. Você acredita que para vender é necessariamente obrigatório que o comprador veja o produto? Tudo bem, mas note que o primo campeão "merchandizou" nas vitrinas do cérebro do fazendeiro. Ele "vendeu" o cachorro, antes de mostrá-lo.

4. — *Olha, seu Antunes, esta sua fazenda só tem mesmo um defeito: não é minha.*
Senso de humor ajuda a criar clima motivacional, desarma resistências, favorece a interação social, estreita confiança e afeições, tende a diminuir as objeções e ajuda a vender.

5. — *Como faço para encontrar um cachorro assim?*
Não é você quem vende. É o cliente quem compra. Cabe a você criar uma emoção de curiosidade. Pinte quadros mentais, faça o mundo mudar de opinião a seu favor, mas sem esquecer jamais que toda negociação vencedora é sempre ganha-ganha. Para ser um campeão de vendas, mude a direção de seus argumentos para os problemas de seu cliente. Primeiro, localize alvos-necessidades. A seguir, atire vantagens e benefícios.

Ou, então, saia por aí vendendo cachorro por lebre.

Capítulo 14

Superando Desafios com as 10 Melhores Técnicas de Venda de Todos os Tempos

Conheça essa Pesquisa Inédita e Aumente suas Vendas

Uma pergunta que todo gerente ou profissional de vendas já fez pelo menos alguma vez na vida é a seguinte: "Quantas técnicas ou recursos de venda eu preciso para vender? Ou será que preciso apenas de uma que me ajude a diagnosticar necessidades, a apresentar alternativas de solução, ser um encantador de clientes e um gerador de lucros?" Todo mundo quer saber: quais são as melhores técnicas de venda do mundo? Não técnicas manipuladoras, ou que amaciam a inteligência do cliente, mas os recursos da venda ganha-ganha, em que o cliente ganha e o profissional de vendas também ganha.

Bem, nós vamos mostrar agora os 10 mais famosos, funcionais, práticos e simples recursos ou técnicas de venda de todos os tempos para você vender mais e melhor. Digamos assim que essas técnicas ganharam o prêmio: *O Oscar das Melhores Técnicas de Persuasão do Milênio*. Tudo foi colocado em ordem de importância relativa ou em ordem didática, mas todas são excelentes, dependendo do cliente, produto ou situação. Essas técnicas são essenciais ou fatais para você se disparar para o êxito completo em vendas. Você vai ver as técnicas que mais dão certo em vendas hoje.

Entre elas, existem algumas que são "eternas" e clássicas e outras que são mais modernas. Os critérios para classificar essas técnicas desde o décimo lugar até o primeiro, foram apenas três: funcionalidade, praticidade e simplicidade. A pontuação aqui não significa que a técnica que ficou em décimo lugar é inferior à que obteve o primeiro e, sim, que esta recebeu nota maior no que se refere a levar o cliente a decidir a compra. Diante de centenas de técnicas que se candidataram a ficar entre as 10 mais do milênio, nós usamos esses três critérios. No item funcionalidade, nós perguntamos: a técnica funciona mesmo? Funcionou ontem, mas funciona ainda hoje na era do caos e da revolução do conhecimento? Neste item, que foi eliminatório, a funcionalidade, todas as técnicas receberam notas excelentes. O próximo passo foi praticidade. Nós perguntamos: mas ela pode ser usada em todos os produtos e serviços? Em todos os cenários da venda? Em todos os clientes? Ou ela é rica numa situação e pobre em outra? E, por fim, no critério simplicidade, indagamos: mas essa técnica que funciona e é prática, ela é simples, isto é, ela depende muito de habilidades especiais do vendedor, como inteligência verbal, habilidades persuasivas ou só da boa vontade e iniciativa? E foi assim que nós selecionamos e vamos mostrar para você as técnicas que passaram por todos os testes e se revelaram as 10 mais poderosas de todos os tempos.

Mas, antes de apresentá-las, cabe uma pergunta: "Qual é a melhor delas?" Bem, essa não é a correta. A pergunta certa é: "Qual é a melhor delas para mim?" A melhor técnica de vendas do mundo é aquela que mais se parece com o seu jeito de ser, que mais respeita sua personalidade, que mais se adapta a seu estilo de vendas.

Portanto, estude cada uma delas, aplique e pratique no seu dia-a-dia uma por uma e, logo, logo, você mesmo vai descobrir qual combina com sua maneira de ser.

Bem, vamos conhecer as técnicas campeãs:

Décimo Lugar: Aida

Este recurso chamado Aida, já consagrado pelos mestres de vendas do passado, parte do princípio que vender é o vendedor passar por etapas persuasivas, por degraus da venda.

Tanto que as quatro letras de Aida querem dizer: A — de Atenção, I — de Interesse, D — de Desejo e A — de Ação Física.

Essa técnica é muito antiga, tem mais de 100 anos, mas isso é o que menos importa, pois para figurar entre as 10 melhores técnicas de venda do mundo, o fator velhice não estava em jogo, o que importa é se ela dá certo hoje, se funciona ou não, e não se é antiga ou nova. E ela dá certo se você a usar corretamente. A Aida parte do princípio que para vender você nunca deve estar sozinho, leve essa mulher vendedora com você. Chame a Atenção do cliente. Transforme essa Atenção espontânea em Interesse ativo. Transforme o Interesse em Desejo e este em Ação de Venda, que é o fechamento. Aliás, foi o que fez para casar, não foi? Primeiro você chamou a atenção da noiva, transformou em interesse, despertou desejo e lá no final do processo ela foi dizer SIM. A Aida é excelente, tanto que durante muitas décadas ela valia, sozinha, por todo um curso de Vendas.

Mas, se ela é tão importante assim, por que ficou em décimo lugar?

O grande problema da Aida é que ela lembra apenas as etapas necessárias para vender e, hoje em dia, uma venda é feita mais baseada nas chamadas cinco decisões de compra (na página 131, voltaremos a falar sobre elas) que o cliente tem que tomar e não em fases ou etapas. Mas, nem por isso a Aida deixa de ter o seu valor, tanto é que ela está entre as campeãs.

Sim, mas vamos lá, então: na prática mesmo, o que é chamar a Atenção em vendas?

É o seguinte: se você quiser vender mais e melhor, use o A da Aida, isto é, chame a Atenção do cliente. Há mais de 15 maneiras de fazer isso, mas a melhor delas é: Chame a Atenção sem chamar a Atenção... Tem até aquela história do sujeito que visitava médicos em hospitais para oferecer produtos cirúrgicos. E ele reclamava que não estava vendendo, que as recepcionistas sempre dificultavam a entrada dele, que era difícil falar com as pessoas-chave, até que ele teve uma idéia: passou a se vestir todo de branco, sapato branco, meia branca, calça branca, camisa branca e brancamente entrava no hospital. E, ao agir assim, notou uma lei hospitalar: as recepcionistas tratam muito bem quem está de branco num hospital. E, em alguns casos, entrava normalmente, passava pelos corredores, alguém lhe dizia: "Como vai, doutor?" (e ele só tinha a antiga quarta série primária) e ele conseguia tirar o médico da sala de operação pré ou pós-cirúrgica e tudo dava certo. E dava certo porque ele estava de branco, o médico estava de branco e eles que são brancos que se entendam. Como ele chamou a atenção? Foi fácil: chamou a atenção sem chamar a atenção. Agora, chamar a atenção só funciona se for para despertar interesse ativo.

E para despertar Interesse, há alguma técnica especial?

Uma, não, há várias, mas, como temos que resumir, vamos falar a que mais funciona.

Para provocar interesse, seja interessante, fale na única coisa que as pessoas estão 100% interessadas. E você sabe em quê?... **Deve ser em dinheiro**... Não, há algo em que estão mais interessadas do que em dinheiro... **Saúde, por exemplo**... Não, mais ainda, há algo que interessa mais do que saúde... Sabe em quê as pessoas estão 100% interessadas? Nelas mesmas. Então, para despertar interesse total, comece sua entrevista falando das próprias pessoas. Uma abordagem interessante seria começar assim: *"Senhor Cardoso, é um prazer conhecê-lo, eu já o conhecia de nome, fiquei sabendo que o senhor ajudou a empresa a ganhar pontos sobre os concorrentes no ano passado, parabéns..."*

Tudo bem, mas se for um vendedor de loja, por exemplo, a abordagem teria que ser outra, correto?

Sim, não há dúvida, uma cliente entra na loja com seu filhinho, o vendedor nota que a criança tem na mão um aviãozinho de brinquedo. Ele pode, numa abordagem apenas, só passar pela Atenção e ir logo para o Interesse. Imagine que esse vendedor cumprimente a cliente e se dirija para a criança, dizendo: *"Mas quem é o piloto deste avião bonitão?"* O vendedor gerou um relacionamento amistoso, iniciou a venda com uma conversa de descontração positiva e — o mais importante — despertou interesse da mãe, pois falou sobre a cliente, pois o que é um filho a não ser a extensão de nós mesmos...?

Bem, Aida significa Chame a Atenção, Desperte o Interesse, Provoque Desejo e leve ao fechamento com Ação Física. Depois de despertar o interesse, é preciso provocar o Desejo de compra... e como se faz isso na prática?

A melhor maneira de se provocar desejo é fazendo o cliente imaginar. Aliás, não é só cliente, não. Você casou porque imaginou... teve filhos porque imaginou... tem objetivos porque imagina... você mudou de uma cidade para outra porque imaginou que lá seria melhor... para você ser um campeão, imagine-se um vencedor... tudo é imaginação... você compra porque imagina que os benefícios e vantagens do produto/serviço são maiores do que aquilo que trocará por dinheiro... até o próprio Einstein já dizia que imaginação é melhor que conhecimento, e não é a vontade, mas, a imaginação que nos leva à ação. Fazer o cliente imaginar é você pintar quadros mentais na mente dele...

Mas, na prática, como se faz isso?

Você precisa pintar quadros mentais na mente dele. Por exemplo:

Há uma técnica de vendas chamada IMAGINED que quer dizer: *Imaginação Estimuladora de Desejos*. Se você vende um aparelho de ginástica, faça a cliente se imaginar bonita, livre de celulites, gorduras localizadas, etc. Se vende uma barraca de *camping*, faça-o imaginar o canto dos pássaros, o papo com os amigos, o mergulho na cachoeira, a energia recuperada para a volta ao trabalho, enfim: não venda barraca, venda lazer, prazer, saúde, etc. Esta técnica Imagined é ótima para alguns tipos de produtos e clientes, como, por exemplo, motos (para o cliente consumidor faça-o imaginar o vento gostoso do verão no rosto, a mão da moça da garupa na barriga, etc.) mas se for um cliente distribuidor, faça-o imaginar a propaganda trazendo os clientes para sua loja, o alto giro com alta rentabilidade e liqüidez, etc. Não funciona, por outro lado, em produtos de bens de capital (ninguém diria para um cliente deste: "Imagine os votos que o senhor terá quando esta torre elétrica estiver pronta daqui a cinco anos..."). Um comprador industrial, por exemplo, adquire, não porque imagina, mas porque tem diretrizes e objetivos empresariais de compra. Mas essa técnica funciona mesmo

Bem, mas falta o A final da Aida, levar o cliente à Ação física de fechamento.

Certo, fechar a venda é algo simples, é conseqüência dos passos anteriores. O melhor recurso ainda é perguntar ao cliente para que decida: "O senhor vai levar o verde ou o amarelo? Quer que lhe entregue Segunda pela tarde ou Terça pela manhã? O senhor assina cheques na pessoa jurídica ou física? Quer adquirir pelo cartão ou cheque?" Mas nada de usar truques para amaciar a inteligência do cliente ou táticas de manipulação. Fechamento é um tema que reservamos para um próximo áudio devido a sua grande importância.

Bem, você vai encontrar consultores de venda que vão dizer que no processo Aida está faltando mais um D de Demonstração ou um S final de Satisfação mas, não importa, com apenas essas quatro letras você conseguirá mais resultados. Que essa mulher, a Aida, possa lhe dar muitos frutos chamados Lucratividade.

NONO LUGAR: A TÉCNICA DOS APELOS HUMANOS OU DA LÓGICA APELATIVA

Bem, essa técnica tem, como princípio, que vender é descobrir segundas verdades para transformar Desejos em Satisfação.

A base desta técnica é que o ser humano não é um animal lógico e, sim, psicológico. E com razão: muitas vezes, nossas declarações não são lógicas e, sim, psicológicas. O bilheteiro chega para você com entusiasmo e diz: "Compra, vai dar o cavalo, está premiado." Ora, se vai dar o cavalo e ele tem tanta certeza assim, por que ele não compra prá si? Não compra porque o que ele falou é psicológico, mas não é lógico. Para vender mais, parta do princípio que, no mundo dos negócios, em muitos casos, não existem verdades e mentiras e, sim, primeiras e segundas verdades. Vender é descobrir segundas verdades. Quando o cliente diz: "Estou só olhando", essa é a primeira verdade. A segunda verdade é: "Por favor, me deixe sozinho no meu espaço de decisões pessoais, não me force, me deixe respirar..." Quando ele diz: "Seu preço está alto", esta pode ser a primeira verdade; a segunda é: "Meu desejo de compra está muito baixo..." Vender é você descobrir os desejos reais dos clientes. Na verdade, são desejos e necessidades. Desejo é diferente de necessidade: há coisas que você deseja mas não necessita (exemplo: fumar), há outras que você necessita mas não deseja (ex.: remédios), há outras ainda que você necessita e deseja (ex.: roupas leves no verão carioca) e existem outras que você nem deseja e nem necessita (ex.: comprar um caixão de defunto 20 anos antes de morrer para aproveitar um desconto de 60%). É difícil você vender para quem tem alta necessidade e baixo desejo, porém, é mais fácil vender para quem tem alto desejo e baixa necessidade. A Técnica da Lógica Apelativa tem como princípio que vender é transformar Desejos em Satisfação.

E quais são os desejos humanos e por que essa técnica se chama lógica apelativa?

Basicamente, os desejos humanos você tira das iniciais da palavra lógica que são L — de Lucro, O — de Orgulho, G — de Garantia, I — de Ineditismo, C — de Confiança e A — de Afetividade.

Vender, segundo essa técnica, é você trabalhar com desejos humanos, é descobrir esses desejos e atendê-los com benefícios e vantagens. Chama-se lógica apelativa porque ela parte do princípio que vender é você apelar aos desejos dos clientes.

Mas, como se faz isso na prática? Como eu fico sabendo o desejo de um cliente? Por acaso, está na testa das pessoas: olha, o meu negócio é lucro, ou: sou carente de afeto, quero garantia?, etc.

Você descobre os desejos humanos perguntando para a própria pessoa em forma de questão aberta, do tipo: "O que o senhor pensa hoje a respeito de informatização dos processos de trabalho?" Se a pessoa disser: "Acho ótimo, mas, quando se compra um computador você se casa com o fornecedor..." Pronto, dá para notar que o desejo predominante no momento do cliente é garantia, o g da lógica apelativa.

Você fica sabendo também pelas perguntas que ele faz. Suponhamos que, ao telefone, o cliente pergunte: "Mas com qual financiadora vocês trabalham?" Veja que o desejo dele pode ser Confiança (quero uma financiadora idônea), ou Lucro (quero uma que tenha juros mais baixos). Depois que você descobriu o alvo, enderece seus argumentos, pois, a pior coisa em vendas é você ter uma flecha de argumentos poderosos, porém, atirando num alvo falso ou em algo que não existe.

A outra maneira de se saber os desejos do cliente é por meio do que se chama hoje de variáveis de cenário. Exemplo: você visita um cliente e nota que, na mesa dele, estão mais de 10 pôsteres, fotografias da família, tem ele empurrando o carrinho de nenê, o cliente botou nas fotos até o cachorro e a sogra. Num caso desses, qual é o desejo dele? É o Afetividade, a letra A da palavra Lógica. Segundo essa técnica, você vende a este cliente usando frases do tipo: ... esse produto foi feito com muito amor...

nossa empresa é uma família... e coisas do tipo. Mas, se entrar na sala de um cliente onde existem muitos símbolos de poder, de autoridade, de força e de domínio, de cartazes com cifrões por todo lado, se você for dizer "esse produto foi feito com muito amor", ele vai perguntar: "E que lucros ele dá, ele vai economizar..." Lembre-se que vender é você falar de lingüiça para cachorros e de peixe para gatos. Você precisa focar o cenário do cliente, pois, quase sempre, esse cenário é uma fotografia da personalidade dele.

Em resumo: primeiro localize desejos, levante alvos e, depois, aponte seus argumentos. Vender é você transformar Desejos em Satisfação Ganha-Ganha.

Oitavo Lugar: a Técnica do Encaixe Criativo

Esta técnica parte do princípio que vender é transformar Habilidades Verbais em Desempenho e que é preciso engatar o Vagão da Conversa nos Trilhos Mentais do Cliente.

Funciona assim: encaixe o que está na cabeça do cliente nos benefícios do seu produto e jamais o contrário. Por exemplo, digamos que você conversa com o cliente e lá no meio do papo ele diz: ... *"a enchente de fevereiro em São Paulo não foi fácil de agüentar e os políticos não resolvem nada porque tubulações e canalizações ficam debaixo da terra e o que fica escondido não dá voto, não é verdade?"*. Você, então, ouve empaticamente e continua a conversa: "Pois é!, é sempre a mesma história nesta época do ano... mas sabe, eu estava pensando na relação que tem tudo isso com meu produto... Ele foi produzido para provocar uma enchente de liqüidez em sua rentabilidade... além do mais, o principal de meu produto é o que fica escondido, é a qualidade das peças que ficam escondidas, mas produzem resultados surpreendentes, nosso produto é a enchente positiva que todos gostam e...", aí você engata o vagão da sua conversa nos trilhos dele. Vender é falar de lingüiça para cachorros e de peixe para gatos. É uma técnica excelente para alguns vendedores que têm personalidade extrovertida, capacidade de fazer relações, associações e metáforas, mente criativa e uma inteligência verbal e interpessoal. Por isso, em termos de praticidade, funcionalidade e simplicidade ficou em oitavo lugar: uma honrosa posição.

Sétimo Lugar: o Poder dos Numerais

É uma técnica interessante. Ela parte do princípio que vender é fisgar curiosidades, é gerar certo suspense na cabeça do cliente. E, para isso, use Numerais. Eles são intrigantes, provocantes, suscitam curiosidade. E se encaixam em todo tipo de venda, situação ou oferta. Diga ao cliente: *"Se-*

nhor Cardoso, fizemos uma pesquisa sobre o seu negócio e descobrimos 7 fatos que há muito tempo o senhor pensava em ouvir"... Quando você falou o numeral sete aguçou curiosidade do cliente..." OU, então, você diz: *"...Quero lhe mostrar quatro benefícios que estão aumentando o lucro das empresas...* Existem três vantagens competitivas em nossa empresa que os clientes têm elogiado muito, posso lhe dizer (e aí você argumenta para convencer)... Nós temos quatro características diferenciais sobre concorrentes que são as seguintes"* (a seguir enumere, convença). Numerais atraem a atenção das pessoas em Capítulos... e dão resultados. Experimente e comprove. Vender, em muitos casos, é manter a mente do cliente ligada a você. O que mantém esta técnica na crista da onda é o princípio de que o ser humano ainda não deixou de ser curioso.

SEXTO LUGAR: O CASAL ENTUSIASMO E EVIDÊNCIAS

O princípio desta técnica é que vender é transformar empolgação em comprovação.

É o seguinte: para vender mais e melhor, você precisa do maior casal do mundo. O marido chama-se Entusiasmo e a esposa Evidências. E é isso mesmo: para negociar mais e melhor tenha Entusiasmo numa mão e Evidências em outra. Isoladamente, eles perdem forças. Exemplo: quando argumenta com entusiasmo poderoso, o cliente tende a pensar: *"É, ele fala isso porque é vendedor, quer me faturar, ou melhor, me fraturar..."* A tendência é o cliente pensar ou falar: *"Tudo bem, isso é o que você diz, mas... quem além de você diz isso?..."* É neste momento que entra a força das evidências. Mostre com **dados, fatos, provas, depoimentos, testemunhas, estatísticas, gráficos, cartas de referências, artigos de jornais, revistas científicas,** *releases,**reprints,* **gravações em vídeo,** etc., que há mais gente que comprova o que você está dizendo. Lembre-se: antes de creditar, é necessário acreditar e, para isso, acione a força do casal vendedor: o marido Entusiasmo e a esposa Evidências. O grande princípio norteador deste casal é que não basta hoje você estar empolgado, é preciso pintar a empolgação com as tintas dos fatos comprovadores.

Quinto Lugar com Grande Destaque: Seduzir o Cliente com Inesperados Cativantes

É uma técnica excelente. Ela parte do princípio que vender é superar expectativas e ir além do atendimento.

Tudo mundo já sabe... Há anos que se diz: "Não basta mais satisfazer clientes, é preciso encantá-los, deslumbrá-los, seduzi-los." A idéia ficou óbvia... e foi esquecida. Mas, como seduzir um cliente? É simples: com instantes mágicos ou inesperados cativantes. Ex: um famoso banco anunciou: "Se você ficar mais de cinco minutos na fila, ganhará um dólar a mais por cada minuto excedente." Esta é uma atitude de atendimento que o cliente não espera e fica encantado; logo, é um inesperado cativante. Uma famosa empresa de *fast food* declarou: "Se você ficar mais que um minuto na loja sem ser atendido, ganha um hambúrguer de graça." Isso é inesperado cativante. Um vendedor pode dizer: *"Que bom que o senhor veio, aceita um suco de laranja com acerola?"* Um vendedor monta uma gravata numa camisa e se dirige a um cliente, dizendo: *"Já viu algo tão bem combinado assim? Que lindo conjunto, hein? Já imaginou que, ao adquirir a camisa, a gravata vem de presente?"* Um cliente foi reclamar numa loja de eletrodomésticos que o aparelho de som que comprou veio com defeitos. O gerente surpreendeu-o, dizendo: "Quero que escolha dois CDs, um oferta da loja e outro oferta minha, quero ver o senhor sorrindo." Você chega numa loja e diz ao vendedor: "Por favor, embrulha esta camisa para mim, vou levá-la. O vendedor pergunta: "É prá presente?" E você responde: "Não, não, é para mim mesmo!" E o vendedor surpreende-o inesperadamente dizendo-lhe, com um sorriso entusiasmado: "Bem, se é para o senhor, então, é para presente." E embrulha a camisa na mais bela embalagem que ele tem na loja. Outro exemplo: prometa um serviço para sexta-feira, termina na quarta e entregue na quinta. Isso é inesperado cativante. Bem, um inesperado cativante contém um diálogo afetivo com uma frase de reconhecimento humano, ou uma carícia verbal ou um toque proativo de apoio, mas ele pode ser também uma atitude ou uma solução sedutora. Pense: de que maneira você pode surpreender o cliente com momentos de deslumbramentos ou inesperados cativantes?

Tenha um encantômetro na sua empresa e mais: entenda que clientes internos encantados encantam clientes externos desencantados. Hoje, ou você deslumbra ou naufraga.

Quarto Lugar com Honra Especial: Fazer Perguntas Inteligentes

É um recurso incrível para se vender na era da competitividade. Essa técnica parte do princípio que vender é você levantar alvos e que, quem sabe vender diagnostica e, quem não sabe, explica. A ciência de fazer perguntas estratégicas — esse é o segredo dos vendedores vencedores. Perdedores fazem afirmações. Vencedores fazem perguntas. Os dois tipos de perguntas que se revelaram as melhores do século são: **Perguntas Abertas e Perguntas Fechadas**. As primeiras são aquelas que você solicita uma opinião do cliente a respeito de seu produto/serviço, etc. Exemplo: *"O que o senhor pensa a respeito de acidentes de trabalho na indústria?"*, pergunta o vendedor de capacetes. As segundas são aquelas em que o cliente pode responder SIM ou NÃO. Exemplo: *"Já viu um capacete como este que, ao mesmo tempo que protege dos acidentes, refresca a cabeça e facilita os movimentos?"* As outras melhores perguntas do mundo são aquelas do ABC da Informação (também conhecidas como as oito perguntinhas mágicas) que são: **QUEM, O QUE, POR QUE, COMO, ONDE, QUANDO, QUANTO E QUAL.** Servem para ABRIR UMA *VENDA ("eu vim aqui para lhe dizer COMO aumentar seus resultados em 17% já no primeiro bimestre"),* ou para REFUTAR OBJEÇÕES *("POR QUE chegou a essa conclusão, tendo em vista que esse é o menor preço da região?")* e para FECHAR A VENDA *("COMO o senhor assina pedidos: na pessoa física ou jurídica?")* Por que é tão importante assim a arte de fazer perguntas a ponto de ficar em quarto lugar entre os melhores recursos de todos os tempos? É simples: vender é você diagnosticar necessidades e, para descobri-las, precisa perguntar. Vender é você **LOCALIZAR ALVOS** e, para fazer isso, necessita indagar. Uma técnica que já falamos, mas é para você reforçar: jamais pergunte se o cliente gostou do produto, mas, sim, O QUE MAIS o senhor gostou. O que ele disser é o alvo, é o tesouro escondido que você queria achar.

Faça perguntas de elogio, caça-alvos, devolvidas, de amarração, de impacto e de fechamento. Mas a melhor estratégia é: faça uma pergunta tão estrategicamente montada que seu cliente não tenha saída: tenha que dizer SIM. Imagine uma pergunta, na sua área de vendas, que seu cliente, necessária e obrigatoriamente, tenha que dizer SIM, mas, antes de fazê-la, você precisa fechar as torneiras do NÃO que há nele. Para isso, pense nas diversas possibilidades de NÃO que ele poderá dizer e elimine-as. Mas isso só funciona se você não se utilizar de recursos manipuladores, ou truques para "amaciar" a inteligência do cliente. Pense num benefício com uma vantagem competitiva, que supra uma necessidade real no cliente e, a seguir, prepare uma pergunta de vantagem que o "obrigue" a dizer SIM.

Exemplo: *"Posso lhe mostrar como nosso produto pode aumentar a vida útil de seus eixos que hoje duram seis meses para muito mais de quatro anos?* Vender é você perguntar para servir e não afirmar para impressionar. E mais: você não é pago para explicar, mas, para vender. E uma das melhores maneiras de se fazer isso é afirmando menos e perguntando mais.

TERCEIRO LUGAR COM APLAUSOS INTERMINÁVEIS: FAZER PRÉ-VENDA E PÓS-VENDA

Em terceiro lugar ficou o que todo mundo já esperava. Vender é transformar informações em resultados e manter fidelização. Eu vou até fazer aqui uma declaração impactual: não existe mais venda. O que há são pré-venda e pós-venda, comprar é conseqüência (note que eu disse comprar, não vender). Antigamente, campeão de venda era quem passava 15 dias preparando uma venda de 15 minutos. Hoje é impossível isso. Um vendedor de loja não pode passar 15 dias estudando cada cliente que entra na loja, mas pode pegar o seu perfil, obter uma amostragem completa dele e buscar continuamente informações que ajudem a vender. Pré-venda, entretanto, não é você apenas saber o time que o cliente torce e coisas do tipo. Pré-venda é saber, por exemplo, quanto ele gasta por hora/uso por não ter o seu produto/serviço, quanto está perdendo por dia por não fazer negócios com você, etc. Pré-venda não é custo, é investimento, não é perda de tempo, é ganho em dinheiro vivo. (Veja neste livro O Guia Prático do Êxito Completo em Vendas com as perguntas de pré-venda.)

Bem, e depois de tudo isso, por favor, venda. E, depois, faça pós-venda. Não tenha medo dela, porque pós-venda é a pré-venda de uma segunda venda. Lembre-se que não é indigno perder uma venda, vergonhoso é perder sem saber porquê. Em alguns casos, pós-venda é garantia, manutenção, assistência técnica, etc. Mas, em outras situações, pós-venda é você checar a satisfação e criar encantamento. Imagine que você peça uma pizza, ela é entregue em menos tempo que imaginava e, minutos depois, um funcionário da pizzaria lhe telefone: "Senhor Cardoso, aqui é da pizzaria, eu quero lhe perguntar se o senhor gostou da pizza? Se a massa foi do seu gosto? Se o senhor gosta dela com mais cebola ou menos? Se o senhor deseja a massa um pouco mais fina ou mais espessa? É que eu vou colocar essas informações aqui no nosso computador e quando o senhor pedir uma pizza novamente, eu quero que ela saia do jeitinho que o senhor gosta..." Será que você vai procurar outra pizzaria se for atendido assim? Esse é o poder da pré-venda fazendo você vender mais e melhor. (Veja neste livro o Guia Prático do Êxito Completo em Vendas em vendas com as perguntas de pós-venda.)

E agora a vice-campeã fantástica.
Um dos mais poderosos recursos de vendas.
Funciona em todos os tipos de clientes e produtos ou serviços.

Em Segundo Lugar: Saber Ouvir Empaticamente

Este recurso parte do princípio que vender é você transformar dados em argumentos.

Por quê saber ouvir ficou em segundo lugar? Porque mesmo que um vendedor não conheça nenhuma das oito técnicas anteriores mas, se ele souber ouvir o cliente, tenderá a ter êxito. Saber ouvir tirou nota 10 em todos os três pré-requisitos desta seleção: funciona em todo tipo de vendas, seja lojista, industrial, pracista, domiciliar, etc., é prático, pois dá certo com todos os clientes, e é simples: não depende de habilidades persuasivas ou de inteligência especial, basta ter ouvidos, vontade e alguma técnica. Pense que quem controla uma entrevista não é quem fala, é quem ouve. O Criador deu-lhe uma boca e dois ouvidos para que ficasse "rouco" de tanto ouvir. É importante: 1. Ouvir para compreender, e não para responder; 2. Ouvir idéias e não palavras; 3 Ouvir o que o cliente não disse daquilo que disse e o que ele disse daquilo que não disse; 4. Ouvir as deixas não-verbais; 5. Ouvir com os olhos e postura; 6. Ouvir tomando notas; 7. Ouvir para reforçar e dar apoio ao que ele diz; 8. Ouvir para gerar empatia. Entenda: acabou a era das vendas, a ênfase agora é no **DAGE**. O vendedor hoje é um *Dagedor,* isto é, ele **Diagnostica Necessidades e Problemas**, é um perito em pré-venda, é um **Apresentador de Alternativas** mostrando que fazer negócios com ele é excelente decisão. A seguir, vira um **Gerador de Lucros**, demonstrando/expondo/convencendo o que seus produtos/serviços podem fazer pelo cliente. Para isso, argumente com quatro verbos: **eliminar, aumentar, diminuir** e **manter.** Exemplo: *Meu produto diminui seus custos em tantos por cento... diminui suas dores de cabeça em x minutos... aumenta seus resultados em ... mantém sua natural elegância, etc.* Bem, após o aceite final, a venda terminou, você ganhou o seu e tudo bem, certo? Errado. Hoje, conforme já falamos, você precisa entender que após a assinatura do pedido é que a venda começa. E, então, torna-se um **Encantador de Clientes**, um especialista em pós-venda. Agir assim é deixar de perder vendas. O **DAGE** lembra esse processo: **D** — de Diagnosticar, **A** — de Apresentar, **G** — de Gerar e **E** — de Encantar. Quanto mais tempo você passar diagnosticando necessidades e problemas do cliente, mais ricas serão suas apresentações de alternativas de soluções. Quanto mais e melhores alternativas apresentar, mais gerará lucros para o Cliente e para sua empresa. E quanto mais você encantar no pós-venda, mais clientes terá. Vender é investir no DAGE. Nesta era do caos, o DAGE é a única certeza que fará você parar de perder vendas. E notou que tudo começa no ato de saber ouvir? Parta sempre do princípio que vender é você transformar os dados que levantou, ouvindo o cliente, em argumentos que o ajudem a tomar decisões a seu favor.

E AGORA, SENHORAS E SENHORES,
a técnica campeã entre as campeãs:
recebeu nota 10 em funcionalidade,
10 em praticidade e 10 em simplicidade:

EM PRIMEIRÍSSIMO LUGAR: A ARTE DE VENDER BENEFÍCIOS

(Não Venda Dentadura, Venda o Sorriso)

É óbvio: o princípio deste recurso é que vender é beneficiar. E ponto final.

Por que vender benefícios ficou em primeiro lugar? Os mascates do tempo das carruagens não sabiam as nove regras anteriores e, apesar disso, "vendiam". Vender, hoje, é você ser o mascate da era digital ou o profissional pós-moderno do tempo das viagens interplanetárias, porém, sem esquecer as 9 já faladas. Todos os milhares de livros de vendas que já foram escritos e todos os milhares de cursos de vendas de sucesso são unânimes em dizer a você: *"Meu amigo, por favor, pare de vender características, não venda remédios, venda a cura, não venda a broca, venda o furo, não venda a faca, venda o corte, não venda o bife, venda o chiado na frigideira, não venda sapatos, venda conforto,* status *e elegância..."* Mas, apesar disso, muitos vendedores perdedores vão sempre dizer: *"Este copo é de vidro e tem uma transparência ampliante"* (aumenta o que está na água).

Já os vendedores vencedores dirão: *"Ao beber água, o senhor pode ver o que está dentro, pode checar e analisar o que vai beber, o senhor será um fiscalizador e policial das coisas que vai ingerir. O senhor não corre o risco de beber doenças, de engolir contaminações e organismos destruidores, de beber a morte a longo prazo, o senhor não morre pela boca e viverá mais..."* Para ter sucesso, transforme características em vantagens e vantagens em Benefícios. Sempre.

Um vendedor de característica dirá a um cliente que procura por um azulejo: "Ele é acetinado." Já um vendedor de benefícios argumentará: "Este azulejo não reflete a luz e, por isso, o senhor não terá nenhum incômodo na visão." Para um apartamento que fica no litoral, diga: "É de frente para o mar." Mas, se ele está a quilômetros da praia, diga: "Olha que benefício, é longe da maresia." Para ter sucesso, transforme característica em vantagens e vantagens em benefícios. Sempre. Não diga que a bicicleta tem 10 marchas. Diga: "A bicicleta adapta o seu esforço de pedalar com seus batimentos cardíacos, é a bicicleta para quem quer viver mais." Não diga que o seu produto tem menos manutenção, e mais durabilidade, diga: "Com a economia que fará em manutenção o senhor poderá fazer uma viagem internacional com a família." É isso aí. Vender é beneficiar. E ponto final.

Vamos resumir. Para ser um campeão de vendas, você precisa, basicamente, de 10 recursos. Para vender mais e melhor, aplique as 10 melhores técnicas de vendas de todos os tempos. Resumindo, para entender e memorizar: seja você um vendedor lojista ou externo pracista, ou industrial, ou domiciliar, negocie produtos ou serviços, aplique no seu dia-a-dia o poder destas 10 mais famosas, funcionais, práticas e simples técnicas de venda do mundo: São elas, em ordem de classificação:

10. Chame a atenção, provoque interesse, desperte desejo e feche a venda com ação física. Enfim, não saia de casa sem a famosa AIDA. Vender é também você passar por etapas persuasivas, porém centrado no cliente e não em você.

9. Parta do princípio que, muitas vezes, em vendas, não existem verdades e mentiras e, sim, primeiras e segundas verdades. Descubra os desejos humanos reais e venda. É a técnica da lógica apelativa. Vender é transformar desejos em satisfação ganha-ganha.

8. Encaixe o que vende na mente do cliente e nunca a mente do cliente naquilo que você vende. Use os recursos do encaixe criativo. Fale de lingüiça para cachorros e de peixe para gatos. Vender é também você transformar habilidades verbais em resultados e engatar o vagão da sua conversa nos trilhos mentais do cliente.

7. Use o poder dos numerais. Eles são intrigantes, provocantes, fisgam curiosidade e atraem a atenção das pessoas em capítulos. Vender é manter a mente do cliente ligada a você.

6. Nunca venda sozinho, esteja sempre ao lado de um casal. Sempre do marido Entusiasmo e da esposa Evidências. Vender é você transformar empolgação em comprovação.

5. Surpreenda o cliente com inesperados cativantes ou instantes de encantamento. Ou você deslumbra ou naufraga. Vender é superar expectativas e ir além do encantamento.

4. Faça perguntas inteligentes e estratégicas. Vender é você levantar alvos. E lembre-se: quem sabe diagnostica, quem não sabe, explica.

3. Faça pré-venda e pós-venda, permita que o *antes* influencie o *durante* e que o *depois* crie fidelização. Vender é você transformar informações em resultados e fortalecer o *antes* para enriquecer o *durante*. Com tudo isso, você fará seu *networking* pessoal e terá sucesso em vendas.

2. Aprenda a arte de ouvir empaticamente. O Criador sabia que isso era muito importante, por isso deu-lhe uma boca só, mas deu-lhe dois ouvi-

dos. Vender é você transformar dados em informações, informações em conhecimentos e conhecimentos em argumentos.

1.Venda benefícios e você terá êxito em vendas. Vender é transformar características em vantagens e vantagens em benefícios. Vender é beneficiar. E ponto final.

Se você usar esses 10 recursos, será um campeão de vendas e você estará além do topo... Ao aplicar essas 10 técnicas será um vendedor 10. Acredite pra valer.

O Pulo do Gato dos Campeões

O Diário de um Vencedor

O que deve anotar um profissional iniciante que deseja chegar e permanecer além do topo do sucesso em vendas?

Bem, você já avançou muito na arte de vender e vencer. Você já conhece as melhores técnicas de vendas do mundo, mas é preciso não se esquecer das regras básicas e dos segredos essenciais dos campeões. Conheça agora e — que tal começar a vender?

Leia esses recursos e anote, medite e imagine situações reais para adaptá-los ao seu dia-a-dia de vendas. Sempre que alguém vendeu com sucesso é porque usou alguns desses recursos. Há outros. Mas esses são essencialmente fatais para você atingir o máximo em vendas.

1. PARE DE PENSAR COMO UM ANIMAL DE VENDA

É isso mesmo. Campeões são encantadores de clientes, geradores de lucros e profissionais da moderna persuasão. Deixe de pensar que a profissão de vendas é bico. Nada acontece no mundo sem vendas. O profissional de vendas é o maior movimentador das riquezas de um país. Ele é uma das colunas da macroeconomia mundial. Ter uma auto-estima de vencedor e uma auto-imagem de campeão — esse é o começo de tudo. Auto-estima é como você se sente. Auto-imagem é como você se vê. Sinta-se importante para você mesmo, para a empresa e para os clientes. Veja-se como um solucionador de problemas e não como um Mané das Vendas. É no horizonte da mudança de seus sentimentos e pensamentos que vai alvorecer como um campeão.

2. DEIXE DE VESTIR A CAMISA DO PRODUTO

Os maiores vendedores do mundo são especialistas em clientes, não em produtos.

Se você conhece tudo sobre seus produtos/serviços, por que seu carro ainda é o mesmo? Por que não conseguiu ainda fazer a reforma da casa, colocar o filho numa escola melhor, etc.? O mundo está cheio de técnicos, tecnocratas, tecnicidas e tecnólatras. Para ser um vencedor, pare de vestir a camisa de seu produto e passe a usar a do cliente.

3. CONHEÇA AS CARACTERÍSTICAS, MAS ESQUEÇA-AS

Esse é o segredo que quase todo mundo sabe, mas só os campeões de vendas aplicam.

Venda benefícios, não características. Perdedores vendem colchões. Vencedores vendem sonhos. Não venda brinquedos, venda o sorriso da criança. Perdedores vendem a faca. Vencedores vendem o corte.

4. USE O PODER DAS PERGUNTAS ALTERNATIVAS

Não peça para o cliente comprar. Peça opções. Funciona assim: *Meu produto faz três coisas: emite mensagens com mais rapidez, copia com mais nitidez e tem maior memória. Destes três benefícios, qual o mais importante para o senhor, hoje?* Pronto. O que ele falar é o alvo que você precisa para concentrar seus argumentos carregados de benefícios.

Lembre-se que as pessoas não querem ser dirigidas, mas serem esclarecidas em seus próprios conceitos e reforçadas em suas necessidades e desejos. Outro exemplo: *Bem, depois de tudo o que eu lhe apresentei, o que prefere o senhor? Que eu lhe entregue segunda pela manhã ou terça à tarde? Prefere o cheque para hoje ou para 30 dias?* Este é o velho segredo dos vencedores: não pergunte se ele vai comprar, faça fechamentos tentativos. Alterne a decisão dele entre: Ou eu compro... ou eu compro. Perguntas alternativas são ótimas para fechar a venda levando o cliente a decidir dando passos curtos. Também não vai exagerar como aquele vendedor que perguntou ao cliente: *O que deseja o senhor? Ficar com nosso produto de saúde ou pegar um câncer?* Agindo assim você não alterna a decisão — alterna a raiva dele, o que não é bom. Faça-o agir a seu favor com a força das perguntas alternativas. Mas sem manipular.

5. CRIE QUADROS MENTAIS NA MENTE DE SEU CLIENTE

Um vendedor negociava um *kit* alimentar e visitava as casas e empresas. Ele dizia, mostrando a foto de uma criança, ou jovem, ou adulto com uma doença visível e perguntava: *"Senhor Fulano, o senhor conhece esta enfermidade?"* Ele, muito provavelmente, dizia que não. A seguir, o vendedor comentava: *"Esta doença nasce, em muitos casos, de distúrbios provocados pela má alimentação..."* Pronto, estava aberto o diálogo. A foto serviu como cunha. Bem, mas quem disse que ele precisa usar esse apelo? Bastava também usar a criatividade. Podia enfocar o lado positivo também mostrando uma foto ou desenho de uma fazenda muito bonita, com lindos campos, um ambiente em que todos gostariam de estar e perguntar: *"O que o senhor acha de um lugar assim, senhor Pedro? Concorda que isso é saúde total?"* Ou mostrar a foto ou ilustração, não de uma pessoa doente e, sim, de alguém notadamente saudável e lançar uma pergunta: *"Será que todos nós poderemos ter esta aparência, este corpo, esta saúde?"* Enfoque positivo funciona melhor que negativo. Enfim: seja criativo, faça a chaleira das idéias ferver na cabeça e invente. Descubra uma foto ou uma ilustração como cunha e... sucesso nas vendas.

6. COMECE COM O GANCHO DO "GRANDE INTERESSE"

Jamais diga: *"Quero lhe mostrar um lindo produto que..."* Ora, beleza é subjetiva. O que é bonito para você pode ser feio para ele. Comece diferente, descubra necessidades, problemas e preocupações e, a seguir, encaixe seus argumentos de vendas. Comece grande, assim: *"Eu quero lhe mostrar algo de GRANDE INTERESSE para o senhor que precisa aumentar seus resultados de..."* Dificilmente ele dirá: *"Ora, eu não tenho interesse."* Como ele pode não ter interesse por uma coisa que ainda não viu? O efeito será melhor se você associar o que for falar com algo bem pessoal dele, por exemplo, a profissão, assim: *"Senhor Cosme, quero lhe mostrar algo de GRANDE INTERESSE para advogados como o senhor que tem uma atividade excelente mas, muitas vezes, estressante"* (a seguir mostre que seu produto ajuda a combater o stress)... OU: *"Quero lhe mostrar algo de GRANDE INTERESSE para comerciantes como o senhor que precisam atrair mais clientes para sua loja.* (a seguir mostre como seu produto pode fazer o comerciante atrair mais clientes)... OU: *"Eu estou lhe visitando por algo de GRANDE INTERESSE para profissionais como o* senhor *que usam a voz como profissão"* (mostre, agora, como seu curso de dicção pode fazer com que ele fale melhor e receba os aplausos da platéia). Enfim: se você tiver GRANDE INTERESSE por seus clientes e GRANDE INTERESSSE em solucionar problemas, por certo as pessoas terão GRANDE INTERESSE pelo que você disser.

7. VENDA COM O RECURSO DO "QUAL"

A palavrinha QUAL tem um efeito que só os campeões conhecem. Funciona assim: descubra necessidades e problemas e, a seguir, faça sua argumentação ficar rica usando o "qual". Diga: *"Meu produto revela QUAL o caminho mais fácil para a lucratividade e QUAIS as alternativas mais ricas para o senhor melhorar seus rendimentos de... O senhor saberá QUAL o segredo das pessoas que conseguiram mais saúde de campeão sem precisar malhar-se excessivamente em academias...* Use o QUAL para convencer: "Boa-tarde, senhor Cardoso, quero lhe mostrar QUAL a melhor maneira de adquirir alta qualidade com preço baixo..."

8. FAÇA SUA VENDA FUNCIONAR COMO UM ÍMÃ

Se você for um vendedor de loja, imagine o baixo resultado que terá se abordar um cliente assim: "Não quer entrar, freguês, não quer ver umas roupas para o senhor?"

Agora imagine o resultado excelente que conseguirá se abordar assim: "Olá, como vai? Posso lhe mostrar um produto que se parece muito com o senhor?"

9. FALE DA CONCORRÊNCIA COM ESTILO

Jamais diga: "Eles não estão com nada!", quando o cliente citar algum concorrente, dizendo: "Seu concorrente é melhor, tem melhor preço, prazo, etc." Por favor, nunca fale mal da concorrência. O segredo é: elogie tecnicamente. Diga: *"Eles são muito bons, apenas o nosso produto traz este resultado por ter 4 vantagens adicionais que são... nossa empresa tem duas vantagens competitivas que são..."* OU: *"Esse nosso produto/serviço tem três benefícios extras que são..."* Vendedores perdedores se defendem. Os vencedores geram uma emoção positiva diante de objeções. Eles não falam de malefícios. Falam de benefícios.

10. COMECE SUA ENTREVISTA COM OS RECURSOS DO NOME DO CLIENTE

Há várias maneiras de você começar bem uma entrevista. Uma das melhores é comentar algo sobre o nome do cliente. Havia um vendedor que comprou um dicionário etimológico, aquele que traz o significado do nome das pessoas. Ele soube que determinado cliente se chamava Victor. Depois de consultar o dicionário, o vendedor começou assim: "Parabéns, pelo seu nome, senhor Victor. O senhor tem um nome muito significativo. Victor vem grego *victoriarum* que quer dizer vitorioso, nascido para vencer." Ao falar isso, ele criava clima positivo para a oferta logo de cara. E, havia casos em que, lá no meio da conversa, quando o cliente dizia que o preço do livro era caro, o vendedor, criativamente, argumentava: "Mas esse é um produto Victor, é um produto nascido para vencer e..." É claro que o vendedor colecionava sucesso. Cuidado, entretanto, para não ser muito óbvio. Há vendedores que perguntam: "Senhor Paulozzi, o seu nome é de origem italiana?" Já imaginou se ele dissesse: "Não, Paulozzi é de origem chinesa...?" Um recurso de abordagem eficaz é começar comentando sobre o parentesco do nome. É o caso de dizer: "Senhor Paulo Cabral, a sua árvore genealógica tem raízes no descobridor do Brasil?"

11. USE O UNIVERSO DO CLIENTE COMO FACILITADOR DE ENTRADA

Quanto mais cultura tiver, mais você vende. Suponhamos que venda programa de saúde ou *kits* de dieta e visite uma casa e, na mesa da copa, está a revista *Veja*. O vendedor teria muito sucesso se dissesse: *O senhor gosta de ler a* Veja?... *Leu aquela reportagem onde os cientistas diziam que dependendo de nossos hábitos alimentares poderemos prolongar vida com saúde? O artigo foi ótimo, apenas faltou dar mais informações sobre como fazer isso, é por isso que estou lhe visitando...* Suponhamos que venda títulos de clubes. Você aumentará suas chances de êxito se entrar em uma sala e notar que na estante há quatro porta-retratos com fotografias. Ele poderá dizer: *"Eu noto que o senhor valoriza muito a família, acertei?"* A seguir, fala sobre os benefícios da família se reunir num clube para o equilíbrio da vida... Suponhamos que venda *softwares*. Você visita uma residência onde a televisão está ligada na sala, o rádio toca lá do quarto e o garoto está navegando na Internet. Você poderá usar esse universo do cliente e começar assim: "Eu noto que o senhor valoriza muito a informação, senhor Carlos, e isso é muito bom, parabéns. Por valorizar a informação, sei que o senhor vai gostar de algo que lhe trago" (a seguir, fale sobre as informações contidas em seus *softwares*, CDs, etc.). Enfim, olhe ao redor e use o universo referencial do cliente como cunha para começar sua fala. O êxito é certo. Campeões fazem isso. Mas, e se for venda lojista? É simples: converse com o cliente e levante o universo referencial dele apenas perguntando e ouvindo. A seguir, encaixe seu produto com argumentos dirigidos.

12. FALE COM VOZ DE COMANDO, NÃO DE MANDO

Se você pensar pequeno, as pessoas lhe darão pedidos pequenos. Se pensa tímido as pessoas lhe darão atenções tímidas. Há vendedores que dizem: "O senhor Alves está? Será que posso falar com ele?" Ao invés disso, diga com voz de comando como quem chegou para ser parte da solução, não do problema: "Avise ao senhor Alves que Celso Silva está aqui para vê-lo..."

13. USE A CHAVE DO "MAIOR" PARA VENDER MAIS

Com a palavrinha **maior** você vende mais. Diga a seus clientes: "Usando este produto o senhor terá MAIOR retorno sobre os resultados de seu trabalho, MAIOR segurança na fábrica, MAIOR rentabilidade empresarial..." Se você visita jovens para "vender" matrículas de cursinhos universitários, comente: Com nossa filosofia educacional você terá MAIOR assimilação das matérias estudadas, MAIOR concentração nos conteúdos, MAIOR chance de ser aprovado... Quanto mais você usar a palavra maior, maior será sua chance de vender mais. Exemplo: "O carro possui *maior* poder de frenagem, maior segurança nas curvas, maior valor de revenda, maior comodidade, maior prazo de pagamento..." Explore o poder da palavra "maior".

14. APRENDA AS DUAS MANEIRAS DE VENDER COM O RECURSO DO "QUANDO"

Há duas maneiras inteligentes de você usar o "quando": 1. Para criar quadros mentais. Para isso, pare de usar argumentos fracos, do tipo: *"O senhor precisa deste produto ou serviço urgente."* Faça o cliente imaginar. Pinte cenas na mente dele começando com o "quando", assim: *"Quando o senhor começar a sentir os resultados deste produto, verá que ele lhe dará maior rentabilidade e..."* 2. Para refutar objeções e fazer o cliente se sentir de posse do produto/serviço. Exemplo: o cliente diz que o preço está alto e você argumenta: *"Quando o senhor sentir esse resultado em sua vida verá que ele não custa nada, pois seu investimento retornará rápido."* OU: *"Quando este produto diminuir o espaço ocioso de seus funcionários, o senhor verá que o valor dele é maior que o custo..."*

15. PROVOQUE CAOS CEREBRAL POSITIVO

Bem, se você é um solucionador de problemas, então, diagnostique problemas e, a seguir, apresente uma solução levando seu comprador a dizer ou a pensar: *"Mas isso que você está falando é terrível, o que eu devo fazer para me livrar deste problema?"* A técnica consiste em você apresentar dados, fatos, estatísticas preocupantes, dar-lhe um "segundo problema" e, depois, jogar a solução. Diga: *"O senhor já imaginou se a sua loja pegasse fogo e o extintor de incêndio não funcionasse?"* OU: *"O que faríamos enquanto o médico não chega, se nosso filho sofrer um traumatismo craniano ou uma asfixia ou mordida de cobra? Ficaremos desesperados sem saber o que fazer ou aplicaremos os conselhos da página 39l deste livro sobre Técnicas Modernas de Primeiros Socorros?"* OU: "Iremos sofrer as conseqüências da falta de luz ou de um inesperado apagão ou teremos esse econômico e funcional gerador que...?"

16. FAÇA USO DE RECURSOS VISUAIS

Recursos visuais quase sempre produzem uma intensa curiosidade. Em vendas, um filme ou *slides* pode chamar mais a atenção do que demonstrações em palavras. Se você apresentar argumentos em projetores multimídias, etc., e projetar mesmo em uma parede, pode transformar os benefícios em cenas vivas. Não há dúvida: uma imagem vale mais que mil palavras.

17. FAÇA COMPARAÇÕES QUE CRIAM QUADROS MENTAIS

Por exemplo: o cliente fala que seu produto/serviço que beneficia a saúde do cliente tem preço alto e coisas do gênero. Você ouve até o fim e argumenta: "É bem *menos que duas idas à farmácia e uma consulta ao médico.*" OU: *"Custa menos que quatro cigarros fumados por dia..."* OU: *"É bem menos que a mensalidade de três dias numa academia de ginástica de prestígio."*

18. ABRA O CORAÇÃO DE COMPRA DE SEU CLIENTE COM BRINDES

Todas as pessoas gostam de receber presentes. Se você se aproximar de alguém, oferecendo algo grátis, terá, logo de início, as portas da mente abertas favoravelmente. Mas, que tipo de brindes? Você tem verba para dar brindes? Bem, esta é uma questão que sua criatividade pode resolver. Vamos imaginar que se aproxime de um cliente e entrega-lhe uma caneta simples, tipo Bic, com o nome dele escrito a mão num papelzinho dentro dela e, por fora, há o seu telefone para contato. Já pensou no impacto positivo que poderá provocar? Já imaginou a curiosidade dele em ver o próprio nome na caneta? E tem mais: mesmo que não compre agora, ele tem seu telefone para um futuro contato.

19. ESPELHE-SE NA TÉCNICA DO ESPELHO

Funciona assim: se o cliente falar rápido, você fala rápido também. Se ele é do tipo que fala muito lento, você fala mais pausado. Se ele gosta de falar usando muitas figuras de linguagem, você também o faz. Enfim: é a técnica do espelho que diz: "Quando as pessoas estão diante de um espelho, em geral, elas gostam do que olham." Você é o espelho do cliente. Se ele olhar para você e gostar do que estiver vendo, tenderá a comprar. Fácil, não?

20. LUCRE COM A TÉCNICA DO HUMOR POSITIVO:

Humor positivo não é você ser engraçadinho ou contador de piadinhas. É relaxar o cliente. Todo cliente precisa fazer escolhas e decidir entre dois caminhos (comprar ou não comprar o que o vendedor oferece). Escolhas levantam dúvidas e estas estressam. Para eliminar ou diminuir esse estresse, um dos melhores recursos é fazer o cliente sorrir. Mas, cuidado: quando você é muito engraçado e faz o cliente gargalhar há uma tendência de se criar um ambiente amistoso para que amistosamente ele lhe diga NÃO. Portanto, faça sorrir, não gargalhar, tenha senso de humor, mas não seja humorista.

21. USE A TÉCNICA DA SEMELHANÇA LINGÜÍSTICA

Exemplo: você se dirige a um comerciante, dono de uma padaria e começa a entrevista assim: "Senhor Ricardo, eu também vendo pão e são tão quentinhos e gostosos como os de sua padaria. Aqui dentro deste produto há uma verdadeira padaria de resultados." Para um comerciante você pode começar assim: "Eu vim aqui para falar sobre poupança, investimentos e rendimentos. É que o senhor sabe que um dos melhores investimentos é em nós mesmos e a maior poupança é num produto que otimiza o lucro e evita as perdas..." O segredo é: fale de lingüiça para cachorro e de peixe para gato.

22. CONVENÇA COM A TÉCNICA PODEROSA:

É simples: esta técnica é aquela que usa a palavra poderosa. Exemplo: "Senhor Antunes, este é um poderoso recurso para se conseguir resultados... é uma poderosa forma de se evitar prejuízos em... um poderoso guia para a lucratividade..." Lembre-se sempre: uma das mais poderosas é a palavra *poderosa*.

23. FAÇA A PERGUNTA CERTA

Jamais pergunte a um cliente: "De que forma o senhor pretende pagar esse produto?" Quando indaga erradamente assim, você faz aparecer na mente do cliente imagens negativas do tipo: "Puxa, preciso pagar, pagar é diminuir meu dinheiro..." Pergunte corretamente, assim: "Qual a melhor maneira desta idéia de resultados ser sua imediatamente? Qual a melhor forma de o senhor começar a obter lucros imediatamente?" Não venda produtos, mas, sim, idéias. Produtos custam. Idéias não têm preço.

24. USE A TÉCNICA DO *PELO QUE ME CONSTA* mais *SERÁ O...*

Por exemplo: o cliente diz que o preço está alto e você faz de conta que entendeu mesmo foi outra coisa e responde, perguntando: "PELO QUE ME CONSTA este produto chamou muito a sua atenção, senhor Fábio, SERÁ A idéia que ele não custa nada, e se paga por si só? SERÁ O fato que as pessoas envelhecem melhorando e isso não tem preço? Outro exemplo: o cliente diz que não quer gastar neste ano com seu produto e você argumenta, respondendo: "PELO QUE ME CONSTA estas idéias de maximização do retorno sobre investimento chamaram muito a sua atenção. SERÁ O fato de que as pessoas que seguem estes conselhos de consultoria crescem mais no trabalho, são promovidas e atingem além do topo da empregabilidade?"

25. CONVENÇA COM A TÉCNICA PSICOPICTOGRÁFICA

Isto é: pinte cenas, quadros mentais na mente de seu cliente fazendo-o imaginar. Diga: "Ao subir escadas, como a senhora faz todos os dias, aumentará as possibilidades de vir a ter varizes nas pernas, mas essas meias modernas e inéditas acabarão com o problema." Já imaginou o que significa para uma mulher se imaginar assim? Ela, por certo, ficará com as meias. Outro exemplo: "Com esta enciclopédia virtual, o senhor terá mais informações para dar aos filhos e se tornará, mais ainda, o grande conselheiro deles. Um dia eles o aplaudirão de pé por isso." O pai imagina os aplausos dos filhos já grandes por causa da excelente educação que tiveram. É isso aí. Faça o cliente imaginar e você venderá mais.

26. VENDA O TEMPO TODO EM CIMA DE FECHAMENTOS EXPERIMENTAIS

Para isso, diga: "Senhor Pedro, responda-me a uma pergunta: se o meu produto corresponder exatamente ao que o senhor espera e se o senhor notar que ele se paga por si só e que vai preencher todas as suas necessidades atuais — neste caso e somente neste caso, o senhor prefere o preço à vista com desconto ou em 12 prestações?" Este é um fechamento experimental, também conhecido como fechamento por suposição. Você supõe que o cliente vai comprar e coloca diante dele dois caminhos favoráveis a você. Mas só faça isso depois de diagnosticar necessidades, encaixar argumentos específicos. Cuidado para não ser manipulador.

27. SAIBA COMO PEDIR RECOMENDAÇÕES CORRETAMENTE

Pedir recomendações, depois de vender, esse é um segredo de ouro dos profissionais campeões de vendas. Mas não peça indicações erradamente. Se você perguntar para o cliente: "O senhor não teria outra pessoa para me indicar para eu visitar, não? É claro que o cliente dirá não porque você preparou o cérebro dele para isso. A técnica consiste em você não pedir para ele recomendar e, sim, para ele decidir qual você deve visitar primeiro. Para isso, pergunte: "Eu imagino quantos amigos o senhor tem na cidade, senhor Cosme! Qual deles o senhor me recomenda que eu visite PRIMEIRO?" A outra técnica para pedir indicações é a do QUANTO MAIS ALÉM DO SENHOR... Exemplo: "Quantos mais, além do senhor, o senhor me recomendará visitar?"

28. TORNE-SE UM SEMEADOR DE IDÉIAS PARA SEU CLIENTE

Olhe à sua volta e note as idéias que estão no ar, algumas até óbvias, que você poderia dar gratuitamente ao cliente. Se ele é um comerciante, mostre-se como os produtos ficarão melhor na vitrina. Ou como usar o *marketing* de incentivo para disparar o empenho em seus vendedores. Ou como fazer uma promoção excelente com cartazes atrativos. Enfim, ao se tornar um consultor do cliente, você crescerá para o sucesso em vendas.

Capítulo 15

Superação tem Apenas uma Letra

Os 22 C's da Venda Excelente

Veja como virar o jogo e ter sucesso imediato em vendas usando apenas a letra C:
Você tem perdido vendas?
Gostaria de dobrar seus resultados? Quer vender como um campeão? Quer atingir suas metas e chegar além do topo? Para isso seria bom que existisse uma fábrica que produzisse campeões, concorda? Pois é, essa fábrica existe. Ela possui 22 processos onde, lá no final da linha de montagem, "sai um campeão bem quentinho" pronto para o sucesso. Bem, mas qual é a forja que produz profissionais excelentes? Depois de muito analisar, descobri que todo *vendedor ou gerente* torna-se superprodutivo se seguir 22 C's. Conheça-os e você entrará também para o seleto clube dos vencedores em vendas.

1. Convicção

É onde começa o fracasso ou o sucesso em vendas. O vendedor vencedor convence, porque está convencido, empolga porque está empolgado. Um vez perguntaram a um campeão de vendas: "Por que você vende tanto?" E ele respondeu: "O meu entusiasmo bota fogo em mim e os clientes vêm me ver arder, eles se aquecem na minha convicção e, depois, querem fazer negócio comigo..."

2. Confiança

O vendedor existe para agregar valor ao que negocia. Mas, antes disso, ele precisa agregar valor a si mesmo. Quando duas pessoas se aproximam, elas mantêm, primeiramente, um contato de olhos. O subconsciente do cliente acende uma luzinha mágica que avisa: ele é confiável, ou: não faça negócios com ele... Confiança é convicção percebida como verdade. Para gerar confiança, venda primeiro a você mesmo usando recursos simples, do tipo: sorria com os olhos, estabeleça clima amistoso, ouça com empatia e encante com inesperados cativantes. E lembre-se: antes de creditar, é preciso acreditar.

3. Conhecimento

Agora que você está convicto e gerou confiança, agregue valor ao seu produto/serviço usando a magia de seu conhecimento. Conhecer é investigar e perguntar.

4. Competência

É diferente de conhecimento, que é o que você sabe. Competência é o que você consegue com aquilo que sabe. Para pertencer a um Time de Águias em Vendas, é preciso três tipos de competência: competência estratégica (para onde eu vou?), competência técnica (como eu vou?) e competência emocional se, por acaso, der tudo errado.

5. Competitividade

Não adianta ser competente, se não for competitivo. Competência é você saber fazer certo a coisa certa e sempre da primeira vez. Competitividade é saber disputar isso com outro.

Competitividade é o combustível motivacional que aciona o empenho que gera desempenho. Hoje em dia, o mercado não remunera mais a competência, nem a competitividade. Remunera, sim, a competência competitiva.

6. Comprometimento

O que adianta você estar convencido do que vende, saber gerar confiança, ter aquele conhecimento invejável e uma grande competência técnica... se não estiver comprometido? Comprometimento é diferente de envolvimento. Quase todo mundo já conhece a história do bife a cavalo (carne bovina com um ovo em cima). Neste sanduíche, nós temos a presença de dois "profissionais": a galinha que está envolvida e o boi que está comprometido. Para o bife a cavalo dar certo, a galinha apenas botou um ovo, já o boi deu o sangue. É muito fácil ser galinha, o difícil é ser boi. E você? É galinha ou boi? A resposta está em seus resultados. E estes são o espelho de seu comprometimento.

7. Comportamento

Muitas vezes, uma venda é perdida por causa do comportamento do vendedor. Anote: postura de perdedor, mania de reclamar de tudo, roupa inadequada, falar mal da concorrência, ser percebido como alguém mais interessado em tirar o pedido do que em deslumbrar o cliente, ficar impaciente enquanto o cliente fala, levar objeções e negativas para o lado pessoal, inadequação diante de secretárias e porteiros, intimidade com o cliente, ausência de cortesia envolvente, não saber "administrar" a ansiedade por não estar vendendo, aparência de suor e de cansaço demais, não assumir responsabilidades (exemplo: dizer ao cliente: "A culpa é daqueles cabeças-de-bagre de minha empresa que não entregaram o produto em tempo, não tenho nada com isso"), fazer pré-julgamento, por exemplo, achar que um cliente não vai comprar apenas porque está trajado com roupas pobres; — são apenas 14 exemplos de comportamento que bloqueiam uma venda.

8. Comunicação

A neurolingüística diz-nos que 7% é O QUE você diz e 93% é COMO diz. Comunicar é tornar comum ao cliente o que é para você. Comunique-se para integrar, não para impressionar.

9. Criatividade

O conteúdo foi bom, a comunicação foi ótima, mas, mesmo assim, você não vendeu? Da próxima vez, tente ser criativo numa nova abordagem, numa nova resposta às objeções, numa nova maneira de fechar a venda. Um vendedor de vidros aproximou-se de um cliente e disse: "O senhor seria capaz de dar uma martelada neste vidro sem quebrá-lo?" O cliente aceitou o desafio, mas o vidro era inquebrável. O vendedor fechou a venda quando disse: *"Se o senhor que é forte não consegue, agora imagine as pessoas que debruçam o corpo no vidro do balcão de seu estabelecimento. Isso não é um vidro, é um lucro para sua loja."* Criatividade funciona.

10. Companhia

Você sabe tudo sobre sua companhia? E sobre a companhia de seu cliente? Qual foi o primeiro produto fabricado? Como os atuais produtos são planejados e produzidos? Quais as normas, diretrizes, regulamentos e objetivos para os próximos anos? Qual a missão da empresa? E qual o seu papel para que a empresa atinja seus resultados? Como posso fazer o Cliente perceber a tradição, qualidade, garantia, etc., da Empresa? Transforme tudo o que você conhece sobre sua companhia em argumentos de venda.

11. Cliente

Quem compra o produto/serviço? Quem compra é quem usa? O que compra? Por que compra? Como, quando e por que não compra? Quem consome por idade, renda, sexo, ocupação, etc.? Qual a freqüência de compra? O que eles desejam e não necessitam e vice-versa? Que argumentos atingem mais o alvo deles?, etc. Sucesso é você transformar informações em resultados, vendedores em times e clientes em adeptos fanáticos.

12. Concorrência

O vendedor do século XXI conhece tudo sobre seus concorrentes. É preciso saber: quais são seus cinco maiores concorrentes? Qual o percentual de participação-fatia no bolo mercadológico? Quem são os líderes, os desafiadores, os seguidores e os especializadores? Quais são os pontos fortes e fracos de meus argumentos de venda em relação a eles? Quais as vantagens competitivas deles? Tenho trazido informações sobre eles para minha empresa? Como vencê-los ou desarmá-los eticamente?

13. Concentração

Tudo o que você sabe e aplica dos itens acima será reduzido a pó, se não tiver foco. Um vendedor foca quando divide seus clientes em A, B e C e concentra-se nos que dão mais resultados. Uma empresa foca quando define melhor sua população-cliente e concentra-se em deslumbrá-la da melhor maneira. A dispersão é a tentação dos incompetentes.

14. Cadastro

Empresas e vendedores excelentes são conhecidos pelo *networking*, que é a rede de contatos. Profissionais muito inteligentes entendem que não trabalham para uma empresa e, sim, para um cadastro fidelizado, pois eles podem mudar de emprego mas, se têm um cadastro de amigos que compram, possuem ouro nas mãos.

15. Custo

Campeões do faturamento em vendas levam em conta tudo sobre custo. Por isso, pensam: Qual o custo de cada visita? Qual o tempo ideal de uma entrevista tendo em vista o custo? Como posso comercializar com custo baixo para oferecer preço baixo? Qual a relação benefício-custo que o cliente obterá ao fazer negócios comigo? Por que meu produto/serviço não custa nada, pois se paga por si só? Estou vendendo valor ou custo? Qual o Custo de fazer pós-venda, tendo em vista que os resultados serão de longo prazo?

16. Cotas

Olhar as cotas como um desafio de superação — este é o segredo para ir além do topo.

Mas lembre-se de negociar suas cotas; se não concordar com elas, explique o motivo, pois cotas muito baixas estragam o desafio e, muito altas, destroem a auto-estima.

17. Contato

Falta o quê, agora? Falta você agir e sair por aí fazendo contatos. Ou, se for vendedor lojista, estar preparado para receber contatos. Para fazer contatos excelentes, observe essas regras simples: 1. Tenha em mãos o poder da pré-venda, conheça tudo sobre o cliente e suas necessidades e problemas; 2. Não atire nenhum argumento sem antes levantar alvos, deixe o cliente falar primeiro; 3. Elogie algo sobre o cliente, sua função ou empresa; 4. Apresente dois ou três argumentos que contenham fortes motivos para a compra; 5. Depois disso, cale a boca: quem falar primeiro perde.

18. Continuidade

Todos os C's serão reduzidos a nada se você não tiver esse. Continuidade é *marketing* de relacionamento. É fidelização. É pós-venda. É você transformar produtos em serviços e clientes em fãs. Continuidade é a sobrevivência da empresa na era do caos.

19. Controles

O conceito de controles em venda é de um guarda-chuva fantástico. Vender é ter controle. Controle de si mesmo diante da raiva de uma objeção, controle quando o cliente irrita, controle da energia de automotivação quando você não está vendendo por achar que a culpa é da Crise. E mais: Você precisa de controles estatísticos: saber quantas visitas geram quantos contatos, estes quantas entrevistas e estas quantas vendas feitas. Controles estatísticos são o espelho que mostra como você está e apontam direções a seguir ou rotas a mudar. Viva os controles!

20. Caráter

O que adianta você ter todos os C's da venda se tudo isso não for complementado e enriquecido por uma honestidade notável? Citar estatísticas mentirosas, argumentos enganosos, informações falsas, criar desarmonia entre os colegas e usar de truques para amaciar a inteligência dos clientes fazem o vendedor entrar para uma CPI — *Clube dos Picaretas Impunes*. Já, os profissionais vencedores, ao contrário, são membros de outra CPI — *Caráter, Persuasão e Integridade*.

21. Crença

Vender é você acreditar: Primeiro, em Deus que lhe emprestou um corpo saudável para beneficiar pessoas. Depois, acreditar que você é um ser especial com 144 milhões de neurônios e que nasceu para vencer. Em terceiro lugar, acreditar que sua empresa tem o melhor produto/serviço, o melhor preço, os melhores motivos para o cliente ser feliz nesta cumplicidade de parcerias.

22. Crescimento

Crescer é viver no futuro hoje, parar de crescer é viver no passado amanhã. Investir no que você não sabe imediatamente, é regar seu crescimento pessoal e ter sucesso imediato em vendas.

Bem, esses 22 são os essenciais. Há ainda outros C's como *Coragem* (para superar objeções), *Curiosidade* (para se desenvolver sempre), *Correção* (para saber recomeçar mesmo diante das falhas), *Credibilidade* (para vender muitas vezes para muitos clientes sempre), *Conveniência* (para decidir onde, para quem e em que quantidade vender), *Coerência* (entre o que você diz e o que fala ou para não desmentir no fechamento o que firmou na abordagem), *Concisão* (para não falar muito e não dizer nada), etc.

Mas para quê tantos C's, se você só precisa de um? Troque o "d" de *vendedor* pelo "c" de *vencedor*. Não é o que sempre sonhou?

Capítulo 16

Superando Objeções para Você Atingir o seu Máximo

As sete Mentiras sobre Objeções que Fazem todo Mundo Perder Dinheiro

Ninguém consegue superar nada e os outros, se não souber como responder objeções e evasivas. Para ser um campeão de vendas, pense no seguinte: você jamais terá desempenho máximo em vendas se não mudar seus paradigmas, seus mitos e suas mentiras sobre esta *coisa gostosa* das vendas que se chama objeções... coisa gostosa?... Sim, eu explico. Já notou quantas mentiras estão armazenadas na cabeça de quase todos os vendedores sobre objeções? Vejamos algumas:

MENTIRA 1: OBJEÇÕES CONSTITUEM A PARTE MAIS CHATA DE UMA VENDA

Pois é, não acha que você deveria pensar diferente? Senão, vejamos: Ora, se não fossem as objeções, não existiriam vendedores e sim *entregadores*, pois os produtos se venderiam por si mesmos. Portanto, pense: "Que bom que existem objeções, são elas que garantem o meu emprego." A partir de agora relaxe, veja objeções, não como monstro, mas como um cofre de dinheiro e use a chave das respostas inteligentes para ter sucesso financeiro.

MENTIRA 2: OBJEÇÕES SÃO SINAIS DE DESINTERESSE, POIS QUEM QUER COMPRAR NÃO FICA ARRANJANDO DESCULPAS

É mesmo, hein? Você entrou nesta? Pois saiba que é exatamente o contrário. Quem quer comprar, salvo exceções, faz objeções que são *sinais de interesse*. Um comprador faz objeções por diversos motivos: para ter certeza de que ninguém, mas ninguém mesmo, vai conseguir adquirir por menos, para sentir até onde vai a resistência às concessões do vendedor, pelo instinto de arrastar as coisas antes de se comprometer, etc.

MENTIRA 3: OBJEÇÕES DEVEM SER REFUTADAS

Nem sempre. Algumas devem ser refutadas, outras precisam ser integradas, contornadas, esvaziadas, amortecidas, devolvidas, limitadas, antecipadas, etc.

MENTIRA 4: OBJEÇÕES DEVEM SER ENFRENTADAS

Errado. Você enfrenta é um inimigo, não uma objeção. Ao contrário, objeções devem ser esperadas, encorajadas, estimuladas, para que tenha a "chance" de agir como um consultor, solucionador de problemas e criar empatia e sinergia com seus compradores.

MENTIRA 5: QUANDO O CLIENTE DIZ NÃO, ESTÁ FAZENDO UMA OBJEÇÃO

Errado de novo. Quando o cliente diz *não*, ele está fazendo uma rejeição, não uma objeção. Não quero — é uma rejeição. Não quero porque estou com o dinheiro curto — é uma objeção. Vendedores com alta inteligência emocional não respondem rejeições. O que fazem? É simples: transformam rejeições em objeções, perguntando *por que* e sabem dar o trato certo às evasivas.

MENTIRA 6: OBJEÇÕES DEVEM SER TRATADAS APÓS A EXPOSIÇÃO OU DEMONSTRAÇÃO DOS ARGUMENTOS

Bem, pelo que eu vi, você é adepto da teoria antiga dos passos da venda (pré-aproximação, abordagem, exposição, demonstração, refutação, fechamento etc). Eu prefiro dizer que o espírito vencedor de objeções você conquista assim que o despertador toca... Há vendedores que acordam, abrem a janela do quarto e dizem: "Hoje vai ser mais um dia miserável daqueles em que vou ter que engolir mais abobrinhas dos compradores..." Pensando assim, não é a venda que lhe vai fazer objeções... é a vida.

MENTIRA 7: SE EU TIVER O MELHOR PRODUTO E FOR EXCELENTE COMO VENDEDOR, AS PESSOAS NÃO ME FARÃO OBJEÇÕES

Pensando assim, você vai se frustrar. É melhor pensar assim: o vendedor excelente considera objeções como perguntas que buscam mais informações/esclarecimentos e não como negativas; como um trampolim para fazer negócios e não como motivos para ir embora; como bússolas norteadoras de seus argumentos e para sua criatividade. Por fim: até nas relações afetivas, a tal da objeção aparece. E reserva-nos uma grande lição. Lembra daquela garota que há alguns anos você quis "avançar o sinal", já nos primeiros minutos do primeiro encontro, e ela disse *não*? Pois é, hoje ela é sua esposa. Seria, se ela não tivesse feito nenhuma objeção?

AS OBJEÇÕES E AS CINCO DECISÕES DO ATO DE COMPRAR

Ou: Um cliente não pode dizer seis coisas para não comprar

— O cliente de hoje não sabe comprar —, só sabe fazer objeções!
— Eles inventam cada desculpa para não comprar, que desanimam a gente!
— Eles têm milhares de motivos para não fazer negócios.

Bem, se você é um vendedor que pensou assim, é bom começar a mudar de idéia.

Em primeiro lugar, um comprador só pode dizer cinco coisas para não comprar e você pode afirmar mais de mil. Então, você está em vantagem. Vamos ver a estratégia para vender mais:

1. UM CLIENTE SÓ CONSEGUE FAZER OBJEÇÕES

DENTRO DE SUAS CINCO DECISÕES DE COMPRA

É verdade, uma pessoa somente comprará algo se passar por cinco decisões que são:

1. **Necessidade/Desejo**: Ela pode dizer: *Não tenho necessidade, acho que não preciso disso*, etc.

2. **Produto/Serviço**: Ela pode dizer: *Não gostei do produto, da cor, do formato, das especificações técnicas, do desenho, da embalagem, do conteúdo*, etc.

3. **Fonte Fornecedora**: Ela pode dizer: *Não gosto de sua empresa, da forma de vocês trabalharem, do sistema de cobrança, do vendedor, seu concorrente tem melhor, vou comprar de outro*, etc.

4. **Tempo**: Ela pode dizer: *Hoje não, passa amanhã, depois eu volto, visite-me outro dia, etc.*

5. **Preço**: Ela pode dizer: *Está caro, o preço está salgado, reveja estes valores, etc.*

Observe: um cliente não pode dizer seis coisas para não comprar, apenas cinco. É o mesmo que dizer: "Vender não é um bicho de sete cabeças — é um bicho de cinco cabeças."

2. TRATE CADA CLIENTE COMO SE ELE FOSSE UMA TELEVISÃO COM CINCO CANAIS

Imagine que cada cliente é uma televisão humana, que só tem 5 canais. Agora, imagine o seguinte: sempre que o cliente abrir a boca e fizer uma objeção, antes de responder, pergunte-se: "Esta objeção vem de qual canal? Se ele disser que está caro, é canal 5 (preço). Se ele disser que vai deixar para amanhã, é canal 4 (tempo). Se ele disser que o prazo de entregas é demorado, não é canal 4, é canal 3 (política da fonte fornecedora), etc." E lembre-se: não há cliente no planeta que tenha canal 6. Estou cansado de desafiar auditórios no Brasil inteiro e até hoje ninguém achou uma sexta coisa ou objeção que não estivesse dentro destes cinco canais. Bem, e daí?

3. COMPRE CINCO CADERNOS E ESCREVA AS RESPOSTAS DE OURO PARA ESTAS CINCO OBJEÇÕES

Exemplo: meu cliente fez uma objeção. Ele disse que o preço está alto. Ele abriu a boca do canal 5. O caderno 5 tem os argumentos de respostas ao canal 5. Muitas coisas poderiam ser escritas lá, desde argumentos mais simples até mais complexos. Por exemplo: o preço está alto ou a qualidade que está baixa?

Ou: "O senhor seria capaz de viajar num avião cujo piloto fosse o Pato Peninha e cujas asas fossem emendadas por esparadrapos só porque a passagem é mais barata? Quanto vale a vida humana?" OU: "Caro é o que não traz resultados, senhor Carlos, de que maneira meu produto não traz resultados para o senhor sendo que tem trazido a milhares de pessoas que vêem nele lucratividade, liqüidez, economia e retorno de investimento?"

Bem, o que vai escrever nestes cadernos é desafio seu. Peça frases persuasivas a seu gerente, colecione argumentos que se pareçam com você. Afinal, um cliente é um ser limitado em termos de objeções. Ele só pode dizer cinco coisas.

Por falar nisso, lembra daquela garota que você queria tanto namorar e ela lhe ferrou o dia porque lhe disse, na cara, que você era feio?

Pois é, ela também só pode dizer cinco coisas para não namorar você.

Que você é feio — é objeção 2 (má embalagem física do **produto**). Seu pai e sua mãe não capricharam no controle de qualidade e o produto, apesar de ter um conteúdo fantástico, saiu com uma embalagem que...

Por que os Vendedores Surdos Negociam mais

Está provado:
Vendedores surdos vendem mais.

Se você é um gerente de vendas, recrute vendedores surdos: eles geram mais lucro para a empresa porque são os melhores estrategistas em responder objeções.

Vou explicar contando uma historinha. Um velho sábio estava num jardim com um gerente de vendas que reclamava que os clientes pararam de comprar. "O problema — disse o gerente indignado — é que os clientes só sabem fazer objeções, estou perdendo vendas, o entusiasmo e a paciência." O velho sábio, então, contou ao gerente reclamão uma fábula interessante:

— Era uma vez, um grupo de centenas de formigas que queriam alcançar uma lata aberta de mel que estava no ponto mais alto do armário de uma cozinha. O caminho a percorrer era difícil, curvas árduas, dificuldades mil, muitas objeções de percurso. Centenas delas tentaram, mas só uma formiguinha conseguiu chegar ao topo. O sábio, então, perguntou ao gerente desanimado: — Por que você acha que, no meio de centenas de formigas, só uma alcançou o alvo? O gerente respondeu, de pronto: "É fácil. É porque ela tinha uma força de vontade férrea, uma incansável atitude de superação pessoal, uma invejável iniciativa e acabativa, tinha impulso de ego e uma paixão determinada que lhe ardia a motivação. Ela sabia que a vitória começa na mente, por isso, desistir era uma palavra que não existia em seu dicionário, ela tinha uma auto-imagem de vencedora. Ela entendia que o sucesso não ocorre por acaso, pensava positivo e sabia como acordar seu gigante interior e..."

"Nada disso — interrompeu o velho sábio. Ela só chegou lá por um único motivo: era surda. Ela não podia ouvir as outras formigas lhe dizendo que era impossível chegar à lata de mel, ela não podia ouvir que a situação estava feia e que outros já haviam tentado em vão. Em resumo: saber ouvir é uma das melhores regras de vendas de todos os tempos, mas, ser surdo é a melhor de todas para refutar objeções."

Certa vez (e agora não é fábula), um velho sábio professor de vendas estava dando uma aula quando um aluno, interrompendo, perguntou:

— Professor, como o senhor faz quando está vendendo e um cliente lhe faz uma objeção?

— Bem — disse o professor —, é simples: eu finjo que sou surdo e continuo apresentando meus poderosos benefícios de vendas.

— Tudo bem — continuou o aluno —, mas, se pela *segunda vez* o cliente fizer a mesma objeção, o que o senhor faz?

— Bem — prosseguiu o professor —, eu finjo que sou surdo e continuo apresentando meus argumentos carrregados de motivos benéficos.

— Certo, professor, mas, se pela *terceira vez* o mesmo cliente fizer a mesmíssima objeção, o que o senhor faz?

—De novo finjo que sou surdo e continuo apresentando meus fortes benefícios de vendas.

O aluno, querendo desta vez desafiar o professor (ou fritar-lhe a paciência), prosseguiu com a pergunta:

— Bem, professor, não quero ser chato, mas, se pela *quarta vez* o cliente fizer a mesmíssima objeção, o que o senhor faz?

O professor, surpreendendo a todos, respondeu: — Bom, nesse caso, aí eu respondo.

— Mas por que só na *quarta vez* — indaga, curioso, o aluno.

— É simples: é porque agora eu tenho diante de mim alguém que acredita no que diz.

E prosseguiu: mais de 80% dos clientes que fazem objeções não se lembram do que falaram se o vendedor fingir que é surdo e continuar apresentando seus argumentos fortes com benefícios e vantagens que solucionam problemas e geram satisfação. Mas, espera aí: fingir lembra enganar o cliente. Com essas idéias você está sendo, no mínimo, manipulador.

Bem, se você pensa assim, ouça agora a mais real de todas as histórias. Uma mulher grávida está no hospital para gerar uma solução: um filho. Ela faz objeções: o preço a pagar naquele momento é alto, a dor é intensa, o prazo é longo, como demora para nascer. Os médicos e as parteiras não respondem às objeções dela, eles são formigas surdas que trabalham a favor da vida. Quando a criança nasce, a mamãe não lembra que fez objeções, que o preço era alto e o prazo doloroso. Ela tem em suas mãos o seu maior produto de amor: a vida. O que acontece na vida ocorre na venda. Por que temos que ouvir todas as objeções? Por que temos que dar bola a tudo de ruim que os clientes nos dizem? Por que desanimar no meio do caminho quando nos vomitam aos ouvidos objeções que nem eles acreditam, tais como que nosso produto tem preço alto, o prazo é demorado e outras do gênero? Para ter sucesso em vendas, transforme-se num surdo técnico, um surdo positivo, um surdo empático e avance com objetivos de qualidade pessoal.

Enquanto os outros falam malefícios, fale de benefícios.

Mas não seja de todo surdo. Ouça o Cliente antes de dardejar argumentos a torto e direito. Ouça, diagnosticando as realísticas necessidades do cliente. Ouça que é preciso mudar para suportar as dificuldades impostas pela globalização. Ouça que é preciso investir em você e no conhecimento de seu produto, empresa, concorrentes, clientes. Ouça para solucionar, não para desanimar.

Pare de ouvir notícia ruim. Desligue os ouvidos para a desgraceira, quebradeira, babozeira.

Não ouça que as rosas têm espinhos.

Ouça que os espinhos têm rosas.

O bom *vendedor* tem ouvidos de *vencedor.*

Responda Objeções Usando Apenas Seis Verbos de Ouro

São os seguintes:
1. *Esvaziar*
2. *Reconstituir*
3. *Concordar*
4. *Limitar*
5. *Transferir*
6. *Fechar*

1. ESVAZIAR

Ouça, cortesmente, a objeção até o fim, olhando nos olhos, não interrompendo, mostrando interesse ativo pelo cliente. Você esvazia a objeção porque enquanto fala ele se desabafa, alivia a pressão e você cria clima favorável e não ambiente de guerra. Ao falar, o cliente se levanta como alvo para você. Uma objeção escutada empaticamente é uma objeção esvaziada e esta é uma objeção enfraquecida e... um cliente fortalecido.

2. RECONSTITUIR

Agora que a objeção dele está enfraquecida (posto que, ouvindo, você elimina argumentos, interrompendo, produz mais argumentos), você vai repetir esta mesma objeção em suas próprias palavras. Esta técnica chama-se: reconstitua as idéias dele em paráfrase e termine com uma pergunta de concordância. Ex: *"Pelo que entendi, senhor Carlos, o senhor pretende adquirir o produto em outra ocasião porque agora o orçamento está controlado. É isso mesmo, senhor Carlos, acertei?"* A tendência do cliente é dizer: *"Sim, é isso mesmo!"* Ele se sentiu compreendido e enaltecido pelo fato de você repetir corretamente seus temores e dificuldades. É como se você lhe dissesse: *"Eu gosto tanto de você, Carlos, que sou capaz de repetir seus temores e dificuldades."* Ao reconstituir, acalma o cliente e ele abaixa as armas e reabre a mente.

3. CONCORDAR

Você ouviu — e ele está esvaziado. Você reconstituiu — e ele está compreendido, pesquisado. Agora você vai concordar para que ele se sinta "acariciado". Concorde, descobrindo um ponto em que ambos estejam de acordo. Concorde, elogiando-lhe a inteligência e a opinião. Bem, mas se ele disser que não vai comprar porque sua empresa é desonesta? Mesmo assim, você pode concordar: *"Puxa, senhor Pedro, o senhor deve ter um motivo muito sério para pensar assim, pois o senhor é uma pessoa muito sincera com aquilo que acredita..."* Se não puder concordar com ele, concorde com as idéias dele. Se não puder concordar com as idéias dele, concorde com ele. Mas, por favor, concorde.

Concordar não quer dizer que, se ele disser que o preço está alto, você vai dizer: *"É verdade, tudo aumenta, né?"* É você dizer: *"Eu noto que o senhor é uma pessoa que gosta de qualidade com boa oportunidade, não é, Mauro?"*

Bem, até aqui não vendeu o produto, você "vendeu" a si mesmo, levou o cliente a pensar: *"Que vendedor diferente! Ao invés de me bombardear de argumentos, ele me ouve até o fim, repete minha opinião e acaricia minha objeção."* Os próximos três verbos são para você começar a vender seu produto ou serviço.

4. LIMITAR

É um dos mais importantes verbos da venda. Sua função é confirmar e limitar a objeção. Exemplo: *"Pelo que entendi, este é o único bloqueador que o separa de meu produto?"* OU: *"Quer dizer que se não fosse este problema o produto seria seu, acertei?"* Raciocine comigo: se você não limita a objeção, ele pula para outra.

5. TRANSFERIR

Neste quinto verbo de ouro, você cita outra pessoa como exemplo, mostra que outro cliente também pensava assim, mas mudou de opinião por causa das boas coisas que lhe aconteceram. Exemplo: *"Ao ouvi-lo, senhor Onofre, eu me lembrei do senhor Alves. Ele esteve comigo há alguns dias e disse exatamente o que está me dizendo, mas ele resolveu adquirir o produto e, ao usá-lo, ficou impressionado com o que aconteceu."* Ao transferir você gerou curiosidade. Outra técnica: transferir a objeção dele para ele mesmo em forma de pergunta, devolvendo-lhe a questão, assim: *"Estou interessado em seu ponto de vista, senhor Cosme, continue... Como chegou a esta conclusão? ...Por que o senhor pensa assim?... Por que é importante que essa peça dure mais de 20 anos?"* Que tal deixar que ele mesmo refute a própria objeção, hein?

6. FECHAR

Bem, vamos recapitular o que aconteceu até agora. Você, com inteligência emocional, esvaziou as objeções e elas estão enfraquecidas, reconstituiu as idéias dele e ele se sentiu compreendido, pesquisado, respeitado. Você concordou e criou um clima de carícias positivas. Limitou a objeção dele, isto é, tentou bloquear o nascimento de outras objeções e diminuiu o leque das evasivas. Você transferiu a objeção dele ou para outra pessoa neutra ou para ele mesmo, gerando confiança e certeza. Agora é preciso fechar a venda. Há muitas maneiras de se fazer isso. Veja como usar os seis verbos no argumento e fechamento da venda:

(silêncio ativo, você está esvaziando)... "O senhor pretende adquirir outro dia porque o preço está alto, acertei? (reconstituir)... Em primeiro lugar, quero cumprimentá-lo pelo respeito maior que o senhor tem pelo seu dinheiro, isso é sinal de inteligência, parabéns (concordar)... Quer dizer que se meu produto tivesse o preço da sua expectativa o senhor faria o negócio? (limitar)... O senhor Alves me disse exatamente isso, que o preço estava alto, e sabe o que ele descobriu? (transferir)... A experiência dele, não poderia ser a sua experiência (fechar)."

Os seis verbos de ouro podem ser usados em cinco minutos ou em cinco horas, dependendo do tipo de venda e do Cliente que se tenha pela frente. Use-os em sua próxima entrevista. Você vai ganhar muito.

Capítulo 17

Como Superar Objeções com as Melhores Técnicas

A Espetacular Técnica de Responder Objeções Fazendo Perguntas

Eu conheço muita gente que está vendo o sol nascer quadrado por fazer afirmações.

Mas não sei de ninguém que foi preso por indagar.

Existem perguntas *levantadoras de objeções adormecidas*, do tipo: *"Qual a faixa de preço que a senhora pode pagar"*, feita por um corretor quando uma cliente lhe pergunta o preço de um imóvel: ou do vendedor lojista que pergunta a um cliente que entra: *"Quer alguma coisa?"* Já imaginou se o cliente respondesse: "Quero, sim, quero que você me empreste dinheiro...?"

Fazer Perguntas — Método Interrogativo — Heurística de vendas: por certo você já ouviu falar nisso.

Esqueça o que você aprendeu sobre afirmações. A partir de hoje, aborde clientes, refute objeções e feche mais negócios, fazendo perguntas inteligentes.

1. ABORDE COM O GANCHO DAS PERGUNTAS MÁGICAS:

Já, com a secretária, pergunte: "Lúcia, pode avisar ao sr. Júlio que eu já cheguei para nossa entrevista?" Diante dos clientes, faça perguntas de abertura que suscitem curiosidade, do tipo: "Já viu um material deste que envelhece melhorando?" OU: "Já viu um produto assim que, ao mesmo tempo que limpa, perfuma, desinfeta e brilha?" Ou, então, faça, sim, uma afirmação, mas sempre terminada por uma pergunta, do tipo: "Reduzir energia, conta de luz e telefone é, hoje, um grande negócio. O senhor também pensa assim?"

Faça pergunta de impacto desarmante, do tipo: "*O senhor será capaz de dar um soco neste vidro sem quebrá-lo*", diz com sucesso um vendedor de janelas com vidros que jamais se quebram.

Aborde, elogiando, assim: "*Será que os seus profissionais de venda conhecem tanto sobre a arte de encantar e persuadir como o senhor?*" pergunta um vendedor de seminários de vendas.

Quando você aborda corretamente, faz as objeções morrerem antes de nascer. Quem trabalha corretamente na abordagem descansa nas objeções.

2. DESARME OBJEÇÕES, PERGUNTANDO

O vendedor excelente se arma de perguntas para vencer objeções. Se o cliente diz: "Seu prazo de entregas é muito demorado", ele pergunta: "Se eu conseguir no prazo que me pediu, está fechado o negócio?" Se o cliente diz: "Seu preço é alto", ele responde perguntando: "Já pensou no como este produto poderia aumentar seu giro de loja em 7% acima do similar da minha concorrência?" Quando o cliente falar que seu produto não tem qualidade, pergunte: "Pode me dar mais detalhes? Como chegou a esta conclusão?" Quando o cliente estiver indeciso, engate perguntas: "Há mais alguma informação que está faltando, senhor Pedro, para que o senhor se torne o dono deste benefício?" Se ele disser que seu concorrente tem melhor, não faça como o vendedor *Anta Emocional* que diz: "O senhor está enganado" diga: "O senhor tem acompanhado nos jornais o comentário das pessoas sobre este produto?" Se o cliente disser: "Este sapato é muito feio", não faça como o *Jumento Emocional* que comenta: "Tá, não, impressão sua", responda, perguntando: "É para combinar com alguma roupa? É para o dia-a-dia ou para uma ocasião especial?"

3. FECHE O NEGÓCIO COM A CHAVE DAS PERGUNTAS

A melhor maneira de refutar objeções é, por alguns momentos, **"esquecer das objeções"** e convidar o cérebro do cliente a ir direto para o fechamento. Exemplo: o cliente diz que vai comprar só para o mês que vem. Pergunte: "Ótimo, vou, então, preparar o pedido para o mês que vem. A entrega para o dia 29 está bem ou prefere dia 31?" Desarme dúvidas e objeções com **perguntas argumentadoras**. São aquelas que, ao mesmo tempo que argumentam, questionam, assim: "Sabia que o senhor respira aqui em São Paulo 3.500 toneladas de monóxido de carbono, despejadas pela poluição? Vale a pena evitar isso? A saúde que esse produto vai lhe devolver compensa o investimento? Quanto vale nosso nariz? Quanto custa nosso pulmão?"

Por fim, lembre-se: você não pergunta para saber. Pergunta para controlar, para decidir, para antecipar objeções, para confirmar, para fechar. Lembra de quando o padre ou o pastor perguntou-lhe: *"Você aceita esta mulher como sua legítima esposa?"* Ele não estava perguntando para saber e, sim, para confirmar, para selar, para comprovar, para comprometer, para fidelizar o relacionamento. Se ele perguntasse para saber, o que teria respondido?

As Quatro Maneiras Inteligentes de Responder Objeções

Sempre que você ouvir uma objeção solte fogos, pule de alegria. Feliz é a empresa, hoje, que tem um cliente que reclama ou faz objeções. Antigamente, quando o cliente não reclamava, você dizia que estava tudo bem, hoje, se ele não reclama, pode ser um sinal de que algo estranho está para acontecer. A nova ordem é: sua empresa precisa saber interpretar o silêncio e a negativa do cliente. Se o cliente compra e não faz nenhuma objeção, ao invés de ficar sorrindo na empresa, coloque a orelha de pé. E passe a responder objeções com inteligência. Vamos ver, hoje, quatro maneiras:

1. ANTECIPE SEU LUCRO, ANTECIPANDO OBJEÇÕES

A melhor maneira de se responder objeções é antecipando-se a elas. Por exemplo: você sabe, por *antecipação*, que determinado cliente só sabe dizer que o preço está alto. Um dia você disse: *"Bom dia!"*, e ele respondeu: *"Está caro!"* Então, o que você faz? Tente chegar e dizer: *"Senhor Carlos, eu vim lhe mostrar o produto mais caro do planeta."* Ele vai lhe dizer que está caro? Não, você já se antecipou e, se ele disser, estará chovendo no molhado. Agora, cuidado para não ser ingênuo ou manipulador. Não faça como um vendedor que ouviu o cliente dizer: *"Bem, como o senhor mesmo disse, o preço está alto e, por isso, eu não vou levar."* Ao que o vendedor respondeu: *"O senhor esta enganado, ele é um caro produto e não um produto caro, da mesma forma que o senhor é um caro amigo mas não é um amigo caro."* O cliente sorriu e, é claro, não comprou. É preciso saber antecipar objeções, mas com inteligência. Exemplo: Um vendedor se cansou de tanto ouvir a objeção de que seu produto tinha uma base muito pesada. Ele passou a começar sua entrevista assim: *"Este é o produto que tem a base mais pesada do mercado. Nossos técnicos notaram que a base leve dos outros produtos diminui a durabilidade e torna os acidentes possíveis."* Ele foi inteligente na abordagem que neutraliza as objeções antes mesmo de acontecerem. Uma vez uma empresa automobilística anunciou para todo mundo que os carros de seu concorrente tinham bancos muito duros que não permitiam ao motorista relaxar. A empresa acusada treinou seus vendedores a argumentar assim:

— *O excessivo comodismo relaxante dos carros de nosso concorrente pode provocar acidentes, pois o motorista relaxa reflexos ao relaxar a atenção.* Resultado: o que era objeção, virou vantagem. Este é o segredo: transforme uma objeção em uma razão para comprar.

2. TRANSFORME UMA FRASE PERSUASIVA EM UMA FRASE DE EMPATIA

Todo vendedor inteligente é persuasivo e empático, mas não nesta ordem. Primeiro, é preciso ser empático para, só depois, ser persuasivo. Quando você coloca a persuasão antes da empatia, aumenta suas chances de perder vendas. Os *desesperados para vender* perdem negócio porque "vão direto ao assunto", entram logo com um canhão de frases persuasivas, mas, os que vendem com inteligência não entram nessa: eles empatizam primeiro. Por exemplo: um cliente diz que o preço está alto. O vendedor responde: "*Eu também pensava assim, mas vou lhe dizer três coisas a respeito deste produto que me fizeram mudar de idéia e me entusiasmar por ele...*" Ou: "*Se eu estivesse em seu lugar também pensaria do mesmo modo, mas vou lhe dizer uma novidade a respeito deste produto que me levou a estar aqui...*" Empatia vem do grego *pathós* que quer dizer sintoma. Mais do que vibrar no sintoma do outro, você precisa se colocar no lugar do outro. Comunicação empática é diferente de comunicação persuasiva. Na persuasão, você argumenta, na empatia, sintoniza.

3. TRANSFORME A OBJEÇÃO EM UMA PERGUNTA CUJA RESPOSTA SEJA "SIM"

Uma pessoa perdedora pensa: "Puxa, como aquela pessoa é inteligente, será que um dia eu posso ter um conhecimento assim?" Já, um vencedor diz: "Ela tem conhecimentos que eu ainda não tenho, de que modo posso chegar lá?" Os vencedores fazem perguntas modais (com advérbio de modo: *de que jeito, de que forma, como,* etc.). Da mesma forma, um vendedor vencedor não vê objeções como negativas. Ele logo as transforma em perguntas, cuja resposta tende a ser "sim". Exemplo: o cliente diz: "*Visite-me no ano que vem, agora não...*" Você pergunta: "*Pelo que entendi a dúvida que poderia ser esclarecida é: qual é o tempo certo para o senhor começar a ganhar com a aquisição deste produto, sim?*" Vencedores tratam objeções como informações que buscam mais esclarecimentos, como dúvidas que pedem soluções, e não como desculpas vazias.

4. AMORTEÇA OBJEÇÕES NUM TERRENO NEUTRO

Uma técnica funcional é colocar, entre a sua opinião e a do cliente, uma almofada que amortece o choque da objeção. É uma almofada carinhosa que faz você ganhar pontos por negociar no terreno de um terceiro exemplo testemunhal neutro. Veja como: ele faz qualquer objeção e você diz: "*Você conhece o senhor Júlio?... Bem, eu até pensei que o senhor o conhecesse, pois quando eu o visitei há dois meses ele me disse exatamente o que o senhor está me dizendo agora. Bem, mas ele resolveu fazer uma tentativa de aquisição e, olha, na semana passada, ele me procurou e disse que ficou encantado com uma coisa que aconteceu"* (a seguir coloca na boca do Júlio os argumentos que você diria, mas que ele não aceita mais, pois pode estar contaminado contra "conversa de vendedor"). Por fim anote: pense como solucionador de problemas e não como um estrategista em combater objeções. E acredite, se quiser: quanto *menos* técnicas para refutar objeções você *precisar usar*, mais desempenho estará tendo na arte de vender.

O QUE FAZER PARA VENDER SEM DAR DESCONTOS NA DÉCADA DA DESCONTOMANIA

Eis aí uma questão que tem tirado o sono de muitos vendedores, gerentes e empresários. Como eu faço para vender sem dar descontos? Será que é possível isso numa época em que o cliente virou um chorador fanático por vantagens extras? Particularmente, sempre achei essas questões irrelevantes. Sempre orientei meus clientes de consultoria a pensar diferente: o importante não é se você vai ou não dar descontos. O importante é se você vai ou não ter lucros. Bem, mas àqueles que decididamente não querem entrar na síndrome da descontomania, vamos procurar algumas respostas no *marketing*:

1. O DESCONTO DEPENDE DE COMO O BEM É PERCEBIDO PELO CLIENTE:

Em outras palavras: imagine um produto de conveniência e outro de comparação ou de especificação. Qual deles você pediria desconto com mais intensidade? Você pediria desconto para um caixa de supermercado para um sabonete, cujo preço já está eletronicamente impresso? Mas pediria desconto para um sofá de sala, cujo fabricante é o mesmo que o comercializa? E, no caso da compra de um avião de 20 milhões de dólares, pediria desconto? Aliás, você entenderia o item *concessão* na negociação de um avião como desconto? Então aqui vai a primeira informação para montar uma estratégia de desconto: defina a natureza de seu bem. Pesquise como o produto está sendo percebido pelo cliente. Ele pode ser facilmente comparado com outros? Ele tem características diferenciais fortes? Senão, mude o foco da pergunta: Em vez de ficar preocupado em como vender sem dar desconto, pergunte: "Como posso vender dando descontos que sejam vantajosos para o cliente e para mim?" É óbvio, mas não é simples.

2. O DESCONTO DEPENDE DE COMO VOCÊ CONSEGUE AMPLIAR O PRODUTO

Produto *ampliado*, você já ouviu falar disto. Imagine que você vai comprar um microondas. Numa loja adquire com desconto, em outra não. O preço é aquele e ponto final. Mas, antes de você ir embora, o vendedor explica-lhe: este (o que não tem desconto) oferece-lhe uma garantia de três meses depois que cessar a garantia do fabricante; além disso, a esposa recebe um curso grátis de como fazer delícias de cozinha num microondas. Além do mais... bem, há mais três benefícios extras, chamado de PV — Programa de Vendas para o mesmo (eu disse o mesmo) microondas que, na outra loja, o único PV que tem é o desconto. Aqui vai, então, uma regra: se consegue *ampliar* o produto na mente do cliente, você diminui ou não dá desconto. Caso contrário, na época da globalização, acho melhor entrar na onda descontomaníaca.

3. OFEREÇA DESCONTO APENAS SE VOCÊ NÃO PUDER OFERECER OUTROS SUBSTITUTOS

Evite o método "ou-vai-ou-racha" ou "derruba ou aumenta" estabelecendo preços abaixo ou acima da concorrência. É bobagem você querer nivelar seus preços com os do concorrente, se não tem acesso aos relatórios dele, se você não sabe se ele está ganhando dinheiro ou não. A melhor forma de pensar é esta: Eu darei, sim, descontos, dependendo de dois fatores básicos iniciais:

1. Se eu não puder oferecer *outros substitutos* que contenham valor agregado e que possam ser facilmente percebidos, tais quais características diferenciais, vantagens extras, benefícios fortes, entrega rápida, frete vantajoso, condições de pagamento facilitadas, manutenção em menos de *xis* horas, marca, formato, embalagem, tecnologia, melhor forma de cobrança etc.

2. Se não puder treinar meus homens de vendas (que desculpa feia, heim?) para que pintem quadros mentais de diferenciação na mente dos clientes, sejam quadros de diferenciação técnica ou de *plus* de serviços (no caso dos produtos serem exatamente iguais aos dos concorrentes) para que eu não sofra a vergonha de notar que uma pechincha de um cliente seja maior que minhas vantagens competitivas fortes.

E, quando tiver mesmo que dar desconto, *justificarei* meu desconto na mente do cliente. Eu direi a ele que o preço é 100 mas será oferecido por 90 por tais e tais motivos, como, por exemplo, "preço aniversário da loja", "desconto homenagem aos aposentados, às mães, etc.", ou argumentos do tipo "só assim teremos um cliente especial como o senhor em nosso cadastro", "só assim teremos mais clientes que o senhor nos trará por causa de sua satisfação contagiadora", "porque este produto alavanca a venda de outros", etc.

Por fim, atualize seu paradigma de que desconto e preço baixo são as únicas coisas que interessam. Não são. Os consumidores são mais sensíveis a descontos, dependendo, sim, da indefinição da economia, da incerteza com o futuro de seus empregos, mas, as últimas pesquisas não estão mostrando que estão modificando totalmente em função de seus valores. É certo que as empresas que terão daqui para a frente preço e qualidade conseguirão um lugar no mercado. Mas, é certo também que, empresas com vendedores viciados que entendem que sem desconto não dá e que não lutam pela diferenciação inteligente, estarão bem mortas em algum lugar no cemitério triste da descontomania.

Capítulo 18

As Novas Ferramentas para Superar Objeções

A Neurolingüística e as Objeções

Imagine a seguinte cena: o cliente pergunta a um vendedor: "O senhor tem daquele sapato azul-escuro com enfeites de couro e metal dourado?" O vendedor escuta apressadamente e responde: "Temos sim e, inclusive, está com 30% de desconto."

O cliente ouve, desanimado, e fica em silêncio. Os explosivos das objeções foram ativados. Há algo errado no ar.

O que aconteceu com esta venda? Ocorreu que o cliente fez uma pergunta de conteúdo visual e recebeu uma resposta auditiva. Provavelmente, o cliente era visual e o vendedor auditivo. *Visual* é aquele que precisa ver, gosta da beleza, aprecia o detalhe, é organizado e busca a harmonia. *Auditivo* é o que precisa ouvir, gosta de objetividade, aprecia o resumo, a lógica e é pensativo. *Sinestésico* é aquele que precisa sentir, gosta do toque, da experimentação, da sensação e da ação. Vender é você se relacionar com o cliente e sentir qual é o canal preferencial dele para dardejar argumentos com endereços.

Para um cliente visual você mostra o produto, coloca-o a uma distância apreciadora, gira-o para que seja visto com os olhos do desejo, mostra os detalhes do acabamento, comenta os acessórios e enfeita ainda mais o pavão, sem manipular. Para um cliente auditivo você diz como o produto foi fabricado, faz um resumo da durabilidade, da resistibilidade, das características, vantagens e benefícios e apresenta argumentos racionais e convincentes. Para um cliente sinestésico você faz com que ele experimente o produto. Se for um sapato, pede para ele sentir a maciez, o conforto, faz com que sinta a leveza do andar e que imagine os elogios que receberá por ter adquirido o melhor.

Aqui temos outra fonte de onde nascem as objeções: o erro neurolingüístico na abordagem inicial da venda. Ora, se eu pergunto numa língua e você responde em outra, obviamente, não vamos nos entender e as objeções virão como decorrência.

Mas aí surge a grande pergunta: "Como vou saber como é meu cliente? Será que está escrito na testa dele qual o canal preferencial da comunicação neurolingüística que ele usa?" Está escrito na testa, no corpo que fala, nas reações, nas perguntas que ele faz, etc. Veja que não é difícil: se ele diz que gostaria de um produto para ficar bem instalado na prateleira, que seja facilmente visto, que tenha detalhes em relevo e, se ele se afasta para ver o produto de longe, de lado, de perto, provavelmente seu canal preferencial de compra é o visual. Se ele mostra que quer um produto objetivo, faz perguntas lógicas e "ouve com os ouvidos e não com os olhos", tudo indica que, naquele instante, ele revele que seu canal perceptivo ativado é o auditivo. Se ele fala que quer sentir o produto e, ao pegá-lo, ativa toda a sua emoção, você terá mais chance de fazer a venda acontecer, usando argumentos que falem de sensação, vibração e calor afetivo.

O que tem a ver tudo isto com objeções? É simples: a Globo, o SBT e a Band são excelentes canais. Mas, se você quer assistir a uma programação específica na Band e a sua televisão, naquele instante, só pega a Globo, é claro que vai ficar irritado e fazer comentários objetadores do tipo: que droga de TV, que droga de antena, que droga de temporal! Não importa a objeção que você faça, para pegar a Band, tem que fazer com que a sua antena receptora *"fale a mesma linguagem"* da transmissora do canal desejado. O mesmo acontece em vendas. Para fazer um cliente comprar de você, é preciso argumentar no canal que ele recebe. É preciso argumentar com endereço, com inteligência e sem desperdício. Agindo assim, ganha dinheiro porque *antecipa* objeções, fazendo com que elas morram — antes mesmo que nasçam.

Fora disto é você continuar dando socos na sua TV, lamentar-se e xingar o fabricante da antena. Você vai pegar tudo: *stress*, raiva, aborrecimentos. Menos a Band.

A Inteligência Emocional e as Objeções de Vendas

— Droga de cliente!
— Cliente você dá a mão, ele quer o pé!
— Cliente só serve para ver defeito na gente!
— Cliente não sabe o que quer!

Nós sempre ouvimos falar de clientes que fazem objeções aos vendedores, mas, quase nunca falamos de vendedores que fazem objeções aos clientes. Acima, nós temos algumas frases ditas por um vendedor, cuja inteligência emocional analfabeta vê em cada cliente uma chatice.

Um vendedor assim abre a boca e sua cara diz: "Estas são minhas objeções, agora faça-me as suas, seu filho de uma égua!" Conseqüência: não vende. A inteligência emocional diz que primeiro você sente, depois pensa. Para responder objeções com sabedoria, precisa mudar seu sentimento a respeito do cliente. Ele não é uma chateação, ele é a razão de você existir. Como posso objetar alguém que permite que eu exista? Eric Berne já dizia: "Mudando o que diz e faz, muda-se o que se pensa e sente." Portanto, apesar do homem ser uma pequena ilha de pensamento, cercado por um imenso oceano de emoções por todos os lados, mude sua atitude que terá o mundo a seus pés. Em vez de dizer que o cliente dá canseira, fale: "O cliente é o combustível de minha empresa, ele é a mais barata propaganda que posso ter, que é o marketing *one-to-one*, ele é a minha respiração. Grite bem alto: "Clientização e fidelização são minhas duas maiores bandeiras. Lembre-se para sempre: só há sucesso profissional onde existir criatividade. Só há criatividade com segurança. Só haverá segurança com interação emocional. E só haverá isso quando você colocar emoção inteligente em suas trilhas neurais. Agora, pergunte-se: "Por acaso minhas emoções não estão indo para minha cara e esta minha cara de burro emocional não está ameaçando meus clientes?" Mude suas emoções para modificar a cara. E mude a cara para ouvir menos objeções e mais opiniões positivas. Entenda que o seu desempenho pessoal nasce de como trabalha seu sentimento e pensamento. Você, para vender mais, precisa primeiro identificar suas emoções, depois controlar a intensidade e direção delas para, a seguir, saber lidar com as emoções dos clientes. Se você está mal com suas emoções, ao ouvir uma objeção, vai ficar pior do que já está, não vai tolerar as frustrações de ouvir negativas e sua vida e venda viram um inferno. Um inteligente emocional vende mais porque cria clima positivo de relacionamento, já um burro emocional estraga tudo. Em dia de chuva, um burro emocional diz a um cliente, no início da conversa: — Que droga de clima! Este tal de *El Niño* logo vai se transformar em *El Adulto*, depois em *El Viejo* e vai estragar tudo!" (na tentativa de ser engraçadinho, ele já começa negativo, mesmo fazendo o cliente sorrir). Já um inteligente emocional diz: "Por causa desta chuva, senhor cliente, eu demorei três horas para conseguir chegar até o senhor, mas eu viria nem que demorasse 10 horas porque o senhor é uma pessoa importante para mim, eu tenho escutado muito falar que foi o senhor quem fez sua empresa ganhar pontos em cima do concorrente." Pronto, ele começou com clima afetivo e efetivo, gerou sinergia, estabeleceu *rapport* (harmonia de relação). Em resumo: ele predispôs o cliente a não fazer objeções. Conta-se que certo vendedor dirigiu-se a um cliente e foi logo se apresentando e entregando seu cartão. "Ah!, este é seu cartão", diz furioso o cliente. A seguir, pega o cartão do vendedor e, num acesso de raiva, rasga-o em mil pedacinhos. O vendedor olha calado. Não é a hora de ser um burro emocional e responder com outra agressividade. É o momento de ser um vagão de amor e equilíbrio num trilho de emoções. Vender é não se definir pelo referencial emocional negativo do outro. É preciso ação emocional. O vendedor, então, diz com calma: "Bem, senhor cliente, sei que o senhor tem todo direito em não querer que eu esteja aqui em sua sala, mas não tem o direito de rasgar meu cartão que me custou 1 centavo." O cliente, com mais raiva ainda, trovejou: "Um centavo, um centavo, seu desgraçado." E, colocando a mão no bolso, retirou 5 centavos e jogou no vendedor:

— Toma aqui o dinheiro, seu infeliz! O vendedor, mais calmo ainda, pegou a moeda e, vendo que era de cinco centavos, disse sorrindo sem ironia: "Bem, como eu não tenho troco, toma aqui mais quatro cartões." O cliente ficou uma fera, mas, olhando para o rosto sereno do vendedor, também começou a rir e... hoje são dois amigos. O cliente confessou que naquele dia estava com o "emocionômetro" zerado, tinha brigado com o cachorro e sido mordido pela mulher. O vendedor não foi irônico (seria fatal se tivesse), ele estava dizendo com seu rosto emocionalmente saudável: "Você é importante para mim, não importa o que está dizendo, sei como se sente e quero dizer, da melhor maneira possível, que eu gosto de você."

Este é o novo nome do jogo: inteligência emocional. Abuse dela... Ela transforma objeções em aceitações. Gera amizades e... dá muito dinheiro.

INTELIGÊNCIAS MÚLTIPLAS E AS OBJEÇÕES

Quer responder melhor às objeções de mercado?
Deseja ser um campeão de vendas usando toda a força de suas inteligências múltiplas?
Mas, para quê tantas? Não nos ensinaram que habilidade verbal é suficiente?
Vejamos que, para responder às negativas de um Cliente e vender com sucesso, você precisa de todas elas juntas:

1. Inteligência verbal-lingüística: Algumas empresas ou gerentes gostam de recrutar vendedores que saibam falar, pois entendem que bom profissional da área precisa ter, como determinante, a habilidade de perceber as inúmeras funções da linguagem para convencer, discutir ou transmitir idéias. O que se esqueceu é que vender não é falar — é ouvir, é diagnosticar, levantar alvos para direcionar argumentos poderosos, convincentes e sedutores. Para responder a objeções, ouça primeiro, agregue valor de reconhecimento aos sentimentos do cliente e, agora sim, fale para vender. Vender não é controlar sua inteligência verbal-linguística — é direcioná-la às necessidades investigadas no seu cliente. Para vencer objeções, combata com o ouvido, não com a boca. Se seu cliente tem uma forte inteligência verbal-linguística e você também tem, já imaginou o que será vencer objeções com espadas dialético-retóricas ou só com o poder das palavras? Amorteça objeções com o ouvido e use apenas sua capacidade de falar para acariciar, semear elogios, dar apoio de reconhecimento e fechar a venda. E, quando for preciso abrir a boca, fale ao coração que é a melhor forma de inteligência em vendas.

2. Inteligência interpessoal: É a sua habilidade de se relacionar com os outros, identificando emoções, interpretando sentimentos e comportamentos. Quando um cliente disser que o preço está alto ou que não vai comprar ou que o concorrente tem melhores condições — pense — o que ele está dizendo? Pode ser que a verdadeira objeção ulterior, oculta, seja: "Não estou ainda totalmente convencido." OU: "Bem, não é que seu preço está alto, sou eu que estou com orçamentos controlados." OU: "Não é que seu concorrente tem melhor, é que eu fui mais bem atendido lá." Descubra o que está por trás das objeções ocultas, relacione-se triunfantemente com seu cliente e venda mais. Objeções não rimam com relações. Empatia é a arte de entender sentimentos. Com relações empáticas, as objeções diminuirão.

3. Inteligência intrapessoal: É sua capacidade de perceber as dimensões de seus próprios sentimentos e a importância de reconhecer, controlar e gerenciar essas emoções em direção à auto-estima e à auto-imagem de vencedor. Quando um cliente disser que não gostou do produto/serviço, não leve para o lado pessoal. Pense que ele rejeitou uma proposta, não você; que discordou de um argumento, não de sua empresa. Busque modelos mentais para a auto-superação e avance para vencer e vender. Inteligência intrapessoal é a sua capacidade de mentalizar que nenhum cliente pode lhe fazer sentir mal ou inferior sem o seu consentimento. Pessoas com inteligência intrapessoal entendem que objeções jamais desmotivam, pois são marcos na estrada dos negócios que apenas estimulam a procura das respostas para continuar sendo feliz na jornada.

4. Inteligência lógico-matemática: Você é ótimo para lidar com números, raciocínios, padrões, sistemas, problemas e soluções? Ora, use essa habilidade para refutar objeções. Quando o Cliente disser que o preço está alto, raciocine com ele: "Bem, vamos listar aqui nesta folha à esquerda os benefícios para o senhor adquirir e aqui na direita as razões para o senhor não fazer negócios comigo." Diga, ainda: "Vamos raciocinar que o custo de não adquirir é maior que o de não comprar... Vamos somar vantagens, dividir o custo pelo longo tempo de duração, multiplicar os tangíveis do produto pelos intangíveis do serviço agregado, diminuir o que não se ganhará no produto ampliado." Convença, dizendo: "Se notar que seu concorrente comprou e está conseguindo vantagens preciosas, o senhor me dará o pedido?" Primeiro, toque na alma das emoções do cliente, depois, na lógica das decisões. Lembre-se de que o bolso está mais perto do coração que do cérebro.

5. Inteligência visual-espacial: É sua habilidade de ver pronta uma coisa que ainda não está pronta, de localizar imagens e usar a memória para reconfigurar significados. É a inteligência predominante em arquitetos, pilotos, artistas plásticos, etc. Mas, o que tem a ver com objeções? Antes de visitar seu cliente (ou ser visitado por ele, no caso da venda lojista), repense seus argumentos. Veja antes as diversas possibilidades de evasivas e negativas que o cliente poderá dizer e planeje suas abordagens. Arquitete suas frases de vendas e pilote seus argumentos. E pinte quadros mentais na tela cerebral do cliente para que ele veja os benefícios do que irá comprar. Um arquiteto não começa pelo telhado. Um piloto testa mais de 100 funções antes de decolar. Um artista plástico primeiro pinta na tela da mente. Por que só você não usará a força de sua inteligência visual-espacial para enriquecer sua pré-venda e facilitar o processo de convencer?

6. Inteligência musical: Uma das habilidades, entre muitas, é a de perceber a diferença muito sutil entre uma nota e outra, muito mais do que apenas apreciar e reproduzir harmonia, melodia e ritmo. O que tem a ver com objeções? Aprecie as negativas de seu cliente como algo agradável a seu ouvido. Em vez de lutar contra elas, encoraje-as, ouça-as empaticamente, pois, cliente que não objeta não está interessado. Faça-o perceber que tudo que ele fala é agradável para você. A seguir, reproduza os sons e conceitos das preocupações do cliente mostrando que apreciou a composição e que tem sensibilidade para reproduzir tudo que ouviu formando uma paráfrase, isto é, você é capaz de recompor as inseguranças dele. Quando o cliente sentir-se compreendido, tende a acalmar objeções e aí é a chegada a hora de você vender.

7. Inteligência corporal-sinestésica: Não pense que apenas os jogadores de futebol, os bailarinos, escultores e cirurgiões devem ter esse tipo de inteligência. Um vendedor com competência corporal-sinestésica acena a cabeça positivamente a todas as objeções que o cliente diz e a seguir completa: "O senhor sabe pensar, percebeu muito bem um lado da questão." Para vender mais, use o que os antigos chamavam de sinais físicos do fechamento como, por exemplo, perceber que, se o cliente se aproxima para ver detalhes do produto, isso pode ser uma forma de interesse ativo. Numa linguagem atual, significa você falar usando a mesma posição corporal do cliente, exemplo: se ele fala de braços cruzados, fale também nessa posição. Refute objeções dando atenção corporal a elas, isto é, quando ele argumentar com evasivas e negativas, aproxime-se mais, coloque mais o ouvido físico para ouvir, até mesmo para o cliente perceber que você está com os ouvidos mentais ligados nele.

8. Inteligência espiritual: É a mais nova inteligência pesquisada por Gardner. Será que é apenas a inteligência de religiosos, ou só usada quando você repensa coisas como morte e vida? Não. É a mais forte inteligência para se refutar objeções. Faça o cliente sentir que é amado. Entenda que, na arte de viver e vender, amar é melhor que ter razão. A guerra começa não quando a negociação termina, mas, quando a espiritualidade morre. Objeções mal entendidas conduzem à morte. Objeções que não levam em conta entender as razões do outro aniquilam a vida. Mas os inteligentes espirituais sabem que amar é melhor que estar certo. O cliente faz objeções? Goste dele. Não argumente com o cérebro — constranja com o coração. Quando se é amado, as objeções desaparecem e você mostra que sua inteligência espiritual é maior que o desejo de ganhar fixo, bônus, comissões ou ser premiado na campanha de vendas. E é por isso que você ganha mais dinheiro que os outros: porque gosta de gente, ama as pessoas e torce fanaticamente pela satisfação delas.

OBJEÇÕES E PLANEJAMENTO ESTRATÉGICO

O futuro bate à sua porta com força.
Você vai abrir sem medo?
Bem, isso não é uma ilustração, é algo que vai acontecer mesmo com você e sua empresa: o futuro está batendo, você não sabe a cara que ele tem e, por isso, está com medo. E se ele for agressivo? E se ele disser: "*Eu vim para destruir seu negócio!*" O futuro assusta-nos porque não sabemos as objeções que ele traz.

Você gostaria de ter sucesso no futuro? Então saiba: planejamento estratégico é a arte de entender (não adivinhar) a cara que o futuro terá quando ele bater à sua porta. Mais do que isso: é a ciência que transforma sua empresa, gerentes e vendedores para servirem a este futuro que está chegando.

A arma do planejamento estratégico são as ***perguntas de futuro decifradoras das objeções ocultas***. Lembre-se de que a solução de um problema não está em procurar respostas e, sim, em levantar as perguntas certas. E, como o futuro é um ponto de interrogação (não de afirmação), perguntar é sobreviver e expandir. Se você reunir o pessoal e passar por esses sete passos, terá um futuro melhor sem objeções, ou com objeções conhecidas.

1. USE SUA IMAGINAÇÃO PARA PREVER O PALCO IMAGINÁVEL DO FUTURO

Pergunte feito doido: Como será a economia do futuro? Como serão as práticas comerciais? Se os futurólogos dizem que mais de 90% das compras serão decididas e feitas em casa, então, para que servirão as lojas convencionais no futuro? Depois da globalização virá o quê? Como serão os investidores e fornecedores no futuro? As empresas serão feitas para durar ou para rolar? Ser excelente será ser efêmero, isto é, agregar valor e desaparecer? Qualidade será diferencial competitivo? Os *megasoftwares* irão substituir os *pleoplewares*? Que produtos irão desaparecer? Inovação contínua dará lugar à melhoria contínua? Quais serão os valores do homem? Serão mais espirituais e menos materiais?

2. IMAGINE COMO SERÃO OS ATORES COMPETITIVOS DESTE PALCO FUTURISTA

Bem, agora que você definiu os cenários, coloque personagens dentro dele, perguntando: Como serão os concorrentes do futuro? Que novos concorrentes irão aparecer? Quem irá desaparecer por obsolescência, saturação e declínio? O que será vantagem competitiva daqui a cinco anos? Cite três atributos dos líderes vencedores no futuro. O que será liderar o futuro, no futuro?

3. DEFINA O CLIENTE INTELIGENTE NOS CENÁRIOS DO FUTURO

Como serão os clientes do futuro? Ele será sensível a preço, qualidade, atendimento, pós-venda, etc.? Que etcétera será esse? Quais serão as necessidades dele? E os desejos? E os valores? Quais os apelos que penso darão certo para os consumidores do futuro? Que paradigmas sobre clientes serão atualizados? O que será inteligência de compra no futuro? O que será o ato de vender para a mulher, homem e criança?

4. DÊ ASAS À IMAGINAÇÃO PARA PREVER OS PRODUTOS/SERVIÇOS DO FUTURO

Agora que você tem em mente um modelo de cenário, já definiu os personagens (e o principal deles é o rei cliente), pense nas ofertas do futuro, fazendo futurologia: Como serão os produtos do futuro? Daqui a cinco anos, o cliente irá esperar que tipo de benefícios? Eles irão comprar o quê de nós? Experiência? Deslumbramento? O que será vender benefícios espirituais? Cite 10 produtos que não mais existirão e 10 que poderão surgir de repente. As embalagens do futuro argumentarão, isto é, elas falarão sobre os benefícios do produto assim que um dispositivo for acionado?

5. IDENTIFIQUE E DEFINA AS OBJEÇÕES POSSÍVEIS DOS CLIENTES DO FUTURO

Tendo em vista os concorrentes e produtos/serviços do futuro, quais os bloqueadores para se vender? Que dificuldades teremos para atender às necessidades, desejos e valores levantados nos itens 3 e 4? As objeções acontecerão mais nas áreas de necessidades, produtos, empresa, tempo ou preço? Ou em que outra área desconhecida?

6. DEFINA E ESCREVA AS RESPOSTAS ÀS OBJEÇÕES DE VENDAS NO FUTURO

Os cinco itens anteriores deram campo para você imaginar as dificuldades de vendas do futuro; agora, pesquise: Que argumentos poderemos usar para responder às objeções dos clientes do futuro? De que formas poderão antecipar, amortecer, contornar, encorajar e responder objeções? As respostas serão para esclarecer ou para convencer? Quais serão os apelos de vendas? Que técnicas para superar objeções, que usamos hoje, serão consideradas manipuladoras no futuro?

7. IMAGINE COMO PODERÁ SER O PERFIL DOS VENDEDORES PSICOCIBERNÉTICOS DO FUTURO

Que característica de empregabilidade terá o profissional de vendas do futuro? Que pontos fracos de nossa empresa e equipe poderão empobrecer nosso futuro? Que pontos fortes nos preparam para o futuro hoje? "Vendedor de carteira" será cada vez mais terceirizado? Como será o capital intelectual? Que argumentos deveremos ter para vender no futuro?

Entenda: estratégia é diferente de tática. Estratégia é O QUÊ fazer, Tática é o COMO fazer e vender com muitas objeções, são a conseqüência de quem não sabe nem o quê e nem como. Acredite: para vencer as objeções que surgirão lá na frente, você precisa preparar-se para elas aqui atrás. Só assim você será um profissional de vendas DO futuro.

E DE futuro.

Os três Segredos do *Marketing* para Responder Objeções

Quem responde a objeções não é o vendedor. É o *marketing*. Entenda porquê e... venda mais.

É muito fácil apontar o dedo na cara do vendedor e dizer:

— *Você não sabe responder objeções, você é fraco em superar negativas, assim não dá, é só o cliente colocar algum obstáculo e você é igual ao seu time de futebol, chega bem perto mas sempre morre na praia... e blablablá.* O vendedor ouve calado. Sua auto-estima vai lá embaixo e o que fica lá em cima é o sentimento de culpa. Ele pensa: *"Puxa, é verdade, eu sou bom em abrir a venda, mas, quando se trata em superar objeções, sou um desastre, droga!"*

O que pouca gente diz é que se o vendedor não está sabendo responder a objeções, a culpa pode não ser dele (ou totalmente dele) e, sim, do *marketing*. É isso mesmo: do *marketing*.

O *marketing* é o maior provocador de Objeções do Mundo porque ele é entendido por muitos como a arte de fazer o cliente comprar o que ele não quer, com o dinheiro que ele não tem, no tempo que ele não pode.

Marketing é muito mais que a administração da criatividade. É muito mais que a simples relação de troca. *Marketing* não é vendas, mas vendas faz, parte do *marketing*, que é um órgão do corpo. Uma das funções do *marketing* (versão vendas) é facilitar o trabalho do vendedor. O *marketing* é o **facão** que vai na frente desbravando o caminho para facilitar a chegada do vendedor. Este facão mágico é representado por três perguntas que são os três segredos que tornam mais simples e melhor o trabalho do vendedor. Vamos a elas:

1. Que diferentes ganchos existem em nosso produto ou serviço que darão aberturas para objeções? Por exemplo: o nosso produto é amarelo. Mas é esta a cor que o mercado quer? É claro que se o mercado quer uma cor e eu ofereço outra, maiores serão as objeções.

O produto que o mercado quer é este mesmo? Neste modelo sofisticado? Será que não é hora de substituir, inverter, adaptar, diminuir, aumentar, dividir, dar outros usos, etc.? Se o mercado pede um modelo simplificado e o que o vendedor oferece é sofisticado, prepare os ouvidos: você vai ouvir objeções até não agüentar. O preço que o mercado quer pagar é este mesmo? Se quer pagar 90 e eu vendo por 120, aumente as vantagens competitivas, melhore o *plus*, o algo mais de sua marca, amplie o produto na mente do cliente, ou então: cuide-se que as objeções virão.

2. O que há dentro da fala e do comportamento de nosso vendedor que faz disparar objeções? Nosso vendedor está usando frases do tipo: *tá dado, tá barato, é de graça?* Essas frases geram desconfiança e são estimuladoras de objeções. Nosso vendedor está chegando com um tipo de cara e roupa que abre uma porção de pontos de interrogação na cabeça do cliente? O que o vendedor deve falar e em que tempo para entender e diminuir objeções? Nosso vendedor está usando técnicas de manipulação que não funcionam mais?

3. Que pontos fracos e fortes daquilo que o vendedor diz serão comparados com os dos nossos concorrentes? Tem gente que pensa que a função maior de um homem de *marketing* é ser a ponte entre a empresa, as agências de propaganda, as mídias e o mercado, é desenvolver estratégias e planos de ação para tornar a empresa mais conhecida e competitiva. Quem só pensa assim está num trono muito alto e não vê o que está acontecendo lá na ponta embaixo. Não adianta você anunciar na TV Globo ou ter uma verba de milhões de dólares para gastar em veiculações diversas se, quando o cliente diz que o produto está caro, o vendedor responde: *"É, fazer o quê, tudo aumenta, né?"* É preciso enxergar lá em cima, olhando lá embaixo. *Marketing* também se faz de baixo para cima. Um bom plano de *Marketing* (de *Marketing*, não de vendas) não pode esquecer de dar aos vendedores uma apostila **"As melhores respostas às objeções."** É preciso dizer ao vendedor: *"Olha, quando o cliente disser isso, você diz isso, mas se ele disser isso, então, você fala isso."* Quando o pessoal de *marketing* não pensa assim, está nas mãos ou da criatividade, ou da boa vontade, ou da iniciativa, ou da inteligência dos vendedores. É a única explicação por que uns são tão bons em responder objeções e outros são tão ruins.

O *marketing* tem culpa no cartório. Por trás de muitas objeções mal respondidas está um *marketing* que só pensa em produto, preço, ponto, propaganda, promoção, publicidade, prestação de serviço, pesquisa e mais uma paulada de "pês", ou em "cês", como cliente, custo, comunicação, conveniência... mas esquece que lá na ponta está o sofrido vendedor tendo que agüentar um "p" que não está em nenhum livro de *marketing*: *"putis grila", "puxa vida", com esse preço não dá, seu concorrente tem melhor*, etc.

Resumindo: faça uma apostila (isso é prá ontem, viu?) contendo respostas excelentes para todas as prováveis objeções que os clientes farão a seus produtos/serviços. O vendedor tem que saber as respostas na ponta da língua.

Quando você faz um plano de *marketing* e esquece do vendedor, ou acha que ele é só responsabilidade do gerente nacional de vendas, comete o mesmo erro do sujeito que foi casar e pensou em tudo, em tudo mesmo. Só esqueceu de perguntar se a moça era do sexo feminino.

É ruim, hein?

Capítulo 19

A Arte de se Superar "Vendendo" seu Preço

Seu Preço é o Melhor do Mundo

Responda com inteligência à mais desanimadora objeção de todos os tempos
— Seu preço está muito alto! Tá caro! Custa o olho da cara!
Você está ficando azedo de tanto ouvir isso no mercado? Não se desespere, siga esses conselhos e técnicas mas, antes, receba esses **puxões de orelhas**:

1. Se você não acredita no seu preço, o cliente não acreditará. Ninguém refuta o fogo da crença; então, mantenha-o aceso. Você é o reflexo vivo de seu preço. Ou o fantasma.

2. Vendedor de inteligência emocional empobrecida tem medo de preço e atrai clientes regateadores. O cliente pode estar pensando: *"Seu produto deve ser ruim, pois você tem orgulho do que ele é, mas não tem orgulho do que ele vale."* Que contradição, hein?

3. Os clientes fazem esta objeção mais do que outras porque sabem que esta é a área de fragilidade dos vendedores, é a objeção que os pega de calças curtas. Os clientes sabem que os vendedores se programaram para vender o produto, o prazo, a qualidade, a assistência técnica, etc., mas não se programaram para argumentar o preço. Para ser um campeão na arte de responder objeção de preços, siga esses recursos e técnicas:

1. ANTES DE VENDER SEU PREÇO DESCUBRA O QUE ESTÁ DENTRO DELE

Tenho uma pasta executiva na mão, quero vender por 100.000 dólares: o preço está alto ou baixo? Só há uma resposta: depende do que está dentro dela. O cliente objeta o preço porque não sabe o que está dentro dela; pasme, agora: como o vendedor também não sabe, a venda emperra no impasse, nas concessões ou nos descontos.

2. NÃO VENDA O PREÇO DO PRODUTO, VENDA O PRODUTO DO PREÇO

Quanto custa um copo de água? Um milhão de dólares. Claro, o preço está certo, pois no deserto do Saara você pagaria tudo isso. Esqueça o conceito de preços e passe a vender valor. Responda sem rir: quando casou, você pensou no preço do produto ou no produto do preço? Jogue fora o conceito de custo/benefício e passe a vender valor/benefício.

3. FAÇA SEUS PRODUTOS TEREM UMA INFLUÊNCIA POSITIVA SOBRE OS PREÇOS

Os produtos de "percepção negativa" exercem uma força psicológica sobre os clientes e eles acabam por achá-los caros. Encher o tanque de gasolina, nesse caso, é mais caro que uma festa de aniversário; uma viagem de avião pelo mundo custa mais que o orçamento do dentista. O que fazer? Venda benefícios e faça os aspectos indesejáveis do produto/serviço ficarem sedutores e desejáveis com *marketing* de incentivos, brindes, descontos, promoções, parcerias, etc.

4. DEIXE QUE O CLIENTE MESMO CONTESTE SUA PRÓPRIA OBJEÇÃO

Diga: "Dê-me mais detalhes, senhor Cardoso, estou interessado em suas idéias, continue..." a melhor maneira de você contestar um argumento é deixá-lo seguir até o fim.

5. LIBERTE TENSÕES COM A TÉCNICA DA "SURPRESINHA DELICIOSA"

Quando você é muito brilhante na exposição/demonstração, tende a fazer o cliente pensar: *"Sim, eu sei, seu produto é feito no céu... mas deve ter um preço do quinto dos infernos..."* E ele fica tenso e começa a interromper sua argumentação e perguntar: "E o preço?" Elimine tensões dizendo: "*Ah! o preço é a surpresinha deliciosa do final.*" Parece ingênuo de tão simples, mas notará que o cliente o ouvirá melhor, sem estresse.

6. DIVIDA SEU PREÇO EM UNIDADES MENORES:

A linha aérea Escandinava anunciava: apenas 32 centavos por quilômetro voado. Uma pá mecânica pode ser cara, mas 3 centavos o metro cúbico de matéria retirada, não. Aparelho de chuveiro: sai 1 centavo por banho tomado, um aparelho de barbear 2 centavos a barba.

7. USE O PODER DOS TRÊS "M" DAS OBJEÇÕES: MAIS, MAIOR E MENOS

Exemplos: "Meu produto/serviço tem MAIS resistibilidade nas laterais, MAIS poder de impacto, MAIS desempenho nas curvas, MAIS segurança e velocidade por isso, o preço está certo... Ele lhe dá MAIOR rendimento, MAIOR capacidade de bombeamento... MENOS custo de manutenção..." Mas, por favor, venda benefícios, não características.

8. FAÇA PERGUNTAS DE IMPACTO DESARMANTE GANHA-GANHA

O preço da assinatura da revista *Venda Mais* está alto? Você diz: "Quanto vale a informação? Quanto vale tomar decisões acertadas? Quanto custa ter consultores e especialistas a seu dispor? Quanto custa uma venda perdida por desconhecimento técnico? Quanto vale a alegria de ver o diagrama de vendas subir pelas paredes e o aplauso do presidente dizendo que você vende porque conhece novidades persuasivas?"

9. COLECIONE E USE ARGUMENTOS DE OURO

Exemplos: "Senhor cliente, o preço deste produto desaparece com o uso; a qualidade, não."

— Nossa companhia tomou uma decisão fatal: resolvemos que seria mais fácil e ético termos que explicar o preço uma vez do que ficar pedindo desculpas pela má qualidade pelo resto da vida... O produto não custa nada, ele se paga por si só...

Existem muito mais segredos para você responder objeções de preço, mas essas nove são fatais para o êxito em vendas. E quanto custa uma pessoa como você? Você está em liquidação? Já pensou que os outros pagarão aquilo que você acha que vale?

A TÉCNICA MATEMÁTICA PARA RESPONDER OBJEÇÕES DE PREÇO

— Seu cliente está dizendo que o preço está alto?
— Ele só sabe falar de preço?

Bem, não se desespere. Da próxima vez que o cliente comentar sobre o preço mostre, *matematicamente*, que seu preço está certo. Para isso, basta somar, subtrair, multiplicar e dividir:

1. SOME VANTAGENS E BENEFÍCIOS USANDO A PALAVRINHA "MAIS"

Faça uma lista das vantagens e benefícios de seu produto/serviço e inicie seus argumentos com a força poderosa do *somar* junto com o advérbio "mais". — *Se o senhor somar: a pintura da lataria que é especial para resistir a arranhões, <u>mais</u> as linhas modernas de aerodinâmica que lhe permitem economizar mais gasolina, <u>mais</u> o valor de revenda que o senhor terá em adquirir um carro utilitário, <u>mais</u> a segurança que o senhor tem por causa deste freio especial, <u>mais</u> a maior capacidade de carga que o porta-malas oferece, etc., o senhor notará que o preço está certo.*" Tudo bem, mas não se esqueça de somar entusiasmo em sua carreira de vendedor.

2. SUBTRAIA O QUE NÃO SE GANHARÁ

Vender é muito simples. Primeiro, você diz o que ele vai ganhar (some) e, se não quiser comprar, fale o que vai perder (subtraia). Um profissional vendia um programa que ensinava como ter uma coluna saudável. Visitava as secretárias nos escritórios. Quando ela falava que o preço estava alto, ele argumentava: "*Bem, se a senhora subtrair de sua vida os conselhos da página 39 deste programa, poderá ficar com problemas de posturas da coluna, tendo em vista que fica sentada o tempo todo.*" Quando você usa o *subtrair*, provoca "caos cerebral positivo", que é o mesmo que levar o cliente a pensar: "*Mas isto é terrível! Como farei para me livrar deste problema?*" O cliente tem que ficar convencido que é só na compra dos produtos que você vende que encontra alívio. Mas, por favor, não manipule, não use truques para amaciar-lhe a inteligência. Você é um solucionador de problemas. Mas é preciso que, primeiro, o cliente se convença de que tem um problema. Na verdade, o que você vende mesmo é a eliminação de um "caos cerebral" que a ausência de seu produto/serviço faz na mente das pessoas.

3. MULTIPLIQUE OS TANGÍVEIS E INTANGÍVEIS DE SEU PRODUTO PELA SATISFAÇÃO DE COMPRA

Tangível é tudo aquilo que pode ser tocado pelos sentidos. Vamos pegar um carro como exemplo. Os valores tangíveis são: lataria, pneus, assentos, direção, cor (eu posso pegar pela visão), motor (eu posso pegar o que está nele pelo ouvido, escutando), etc. Mas, o que é intangível num carro? O que o cliente não pode apalpar, pegar, tocar? Ele não pode pegar na sinceridade das declarações do vendedor, na reputação da empresa, na certeza da entrega, etc. Os valores tangíveis *estão* no produto, os intangíveis *acompanham* o produto.

Ora, quando um cliente deseja comprar um produto, muitas vezes, tem na cabeça duas inquietações: 1. O que eu posso pegar e é objetivo?; e 2. O que eu não posso pegar e é subjetivo? Sendo assim, você vende mais quando multiplica o que ele pode pegar pelo que não pode e os dois pela satisfação de comprar. Isto é: <u>você fala um argumento tangível seguido de um intangível</u>. Veja no exemplo: "*Senhor cliente, este carro tem freio especial* (o cliente freia, toca, sente, é tangível). *Nossa concessionária ficou em terceiro lugar em todo o Brasil por ser a que menos reclamações teve de clientes* (ele não toca, não vê, é um intangível que você está transformando em tangível, gerando confiança, credibilidade que é transformada em satisfação, etc.)." Quando você joga seu produto no chão para provar que é resistente, está dando um argumento tangível; quando mostra um livro de ouro de clientes satisfeitos provando que, de cada 10 pessoas que compraram de você, sete voltaram para adquirir de novo, está dando um argumento intangível, está multiplicando a tranqüilidade pela satisfação. E criando segurança que gera vendas.

4. DIVIDA O CUSTO PELO LONGO TEMPO DE DURAÇÃO

É o mesmo que argumentar, quando o cliente diz que o preço do produto, por exemplo, um barbeador, está alto: *"Quantas barbas o senhor faz por semana?"* O cliente diz que faz 6 e o vendedor com a calculadora na mão, responde: *"Está lhe saindo 2 centavos a barba. É caro?"* OU: *"Se o senhor dividir o custo deste produto pelo longo tempo de duração, ele lhe custará por hora-uso, menos que qualquer outro..."*

Não importa o que você venda, seja um carro, um remédio, uma antena, um serviço, um supersônico ou uma agulha. Quando o cliente abrir a boca e falar que o preço está alto, não se entristeça. Some, subtraia, multiplique, divida.

Some amizades, conhecimentos, relacionamentos.
Subtraia a negatividade, as reclamações, o desânimo, a intolerância.
Multiplique a segurança pela confiança. A auto-confiança pela convicção.
E divida-se em Amor para multiplicar os resultados.
Na vida, como na venda, a felicidade consiste em dividir-se.

COMO TRANSFORMAR SEU PREÇO EM ARGUMENTOS QUE VENDEM

Conheça os 27 principais conceitos de preços.
Todo homem de *marketing* e todo bom profissional de vendas precisa entender o conceito de preços, pois, criativamente, conceitos podem ser transformados em argumentos de ouro.
Conheça os argumentos que tiramos da alma dos conceitos:

1. PREÇO-DURABILIDADE
Conceito: O produto/serviço que dura mais pode valer mais.
ARGUMENTO: Ora, quando o Cliente disser que o preço está alto, argumente: "Se o senhor dividir o custo deste produto pelo longo tempo de duração dele, ele lhe custará por hora/uso menos que qualquer outro similar..."

2. PREÇO-RESISTIBILADE
Conceito: Se o produto é mais resistente no uso, pode valer mais.

ARGUMENTO: "O preço dele é mais fraco do que meu produto é forte..." OU: "Este é o preço da resistência certa... Eu não posso quebrar o meu preço porque esse produto não quebra..."

3. PREÇO-ACESSÓRIOS
Conceito: Se o produto tem mais coisas nele, tem mais acessórios, o preço pode ser maior.

ARGUMENTO: "Se o senhor subtrair esse acessório, acha que o produto está inteiro? O preço é alto ou os acessórios não são importantes? Os acessórios são caros porque o produto é básico ou o produto básico mais esses acessórios formam o preço certo?"

4. PREÇO-QUANTIDADE
Conceito: Aumentando a quantidade, cai o preço unitário.

Argumento: "Posso lhe mostrar um modo de o senhor ter mais e pagar menos?" OU: "O senhor já calculou o quanto lucraria se diminuíssemos o preço desta folha que hoje custa 19 centavos para 7 centavos?"

5. PREÇO-QUALIDADE
Conceito: Se a qualidade é percebida como maior, o preço pode ser maior.

Argumento: "Quando a qualidade cai, os clientes caem. Quando a qualidade permanece em pé, os clientes voltam. Eu quero que o senhor volte, logo..." OU: "O preço é alto ou a qualidade é baixa?..." OU: "Ele não custa nada, se paga por si só por causa da qualidade..." OU: "O senhor já está pagando por esse produto/serviço, e o que é pior: paga sem levá-lo. Senão, vejamos: quanto o senhor pagará em aborrecimentos e consertos por um produto com custo menor e sem qualidade?"

6. PREÇO-PRAZO DE ENTREGA
Conceito: Se o consumidor quer "prá ontem", o produto pode ser mais caro.

Argumento: "Em nosso sistema de entregas o senhor recebe o produto mais rápido, com menos burocracia, em perfeita qualidade. O senhor começa lucrando ontem porque nós lhe entregaremos ontem..." OU: "O senhor já imaginou o que é pagar por um produto hoje e só recebê-lo no mês que vem numa inflação velada de X% ao mês?"

7. PREÇO-CONDIÇÕES DE PAGAMENTO
Conceito: Se o valor não for pago à vista, o preço final poderá ser maior.

Argumento: "Adquirindo este produto, o senhor tem a impressão que o seu dinheiro envelhece, remoçando..." OU: "Os juros de prazo são menores que o menor dinheiro vendido na praça..."

8. PREÇO-UTILIDADE
Conceito: Se o produto/serviço for mais útil, maior pode ser o preço.

Argumento: "Quanto vale a tripla utilidade deste produto que permite ao senhor lucrar por três lados e..."

9. PREÇO-OPORTUNIDADE
Conceito: Uma roupa de couro forte vale mais no inverno. Camisetas custam menos no inverno.

Argumento: "O senhor agora tem a oportunidade do preço fora da estação, mas não paga o preço da oportunidade."

10. PREÇO-*PERFORMANCE*
Conceito: Se o produto produz mais em menor tempo, pode custar mais.

Argumento: "Tempo é dinheiro, produtividade é riqueza e, quando estas duas forças são aceleradas pela *performance* deste produto, a lucratividade é total..."

11. PREÇO-CREDIBILIDADE
Conceito: Se eu acredito mais no produto ou no serviço, pago mais por ele.

Argumento: "Os seus concorrentes acreditam mais neste produto por causa de três coisas essenciais que são..." OU: "Ele vende mais porque é o melhor. E por que ele é o melhor? Por que as pessoas acreditam nele? Porque ele é o melhor."

12. PREÇO-IMAGEM
Conceito: Se o produto é percebido como imagem melhor, pode custar mais.

Argumento: "Este é o preço que tem sido pago por pessoas como o senhor que não abrem mão da boa grife, da boa imagem que transmite *status*, crença social, convicção de qualidade, etc."

13. PREÇO-RENDA DISPONÍVEL
Conceito: O produto ou serviço parece não ser caro se o Cliente tem o dinheiro na mão.

Argumento: "O produto está-lhe disponível, o senhor tem disponibilidade para adquiri-lo. A meu ver, é o casamento da ocasião com o bom investimento..."

14. PREÇO-SERVIÇO
Conceito: Se o produto é o mesmo, mas o serviço que o acompanha é percebido como melhor e de graça, o produto pode custar mais caro.

Argumento: "Nossos serviços extras são a extensão deste produto. Eles acompanharão a entrega, desenvolvimento e atuação do produto e o senhor não está pagando nada mais por isso."

15. PREÇO-FORNECIMENTO CERTO
Conceito: Se o meu fornecedor não me deixa na mão e me garante o fornecimento, eu pago pelo produto um pouco mais.

Argumento: "Este é o preço da certeza de que suas máquinas não pararão e que os lucros estarão sempre em alta."

16. PREÇO-GARANTIA
Conceito: se o vendedor me garante a eficácia do produto ampliado, o preço está certo.

Argumento: "Quanto vale a garantia de que o senhor está adquirindo uma idéia duradoura e não um produto físico apenas?" OU: "O senhor sabia que, de cada 10 pessoas que compraram conosco, oito voltaram para fazer uma segunda compra?"

17. PREÇO-ASSISTÊNCIA TÉCNICA
Conceito: Se a assistência técnica é irrepreensível, o preço está certo.

Argumento: "Quanto vale um produto que funciona sempre que é acionado e que tem atrás de si toda uma equipe de engenheiros, mecânicos e atualizadores de seu lucro..." OU: "O seu pagamento termina aqui (se for à vista), mas, nosso serviço de assistência, não. Pelo contrário: nós temos uma estrutura de pós-venda para manter a sua alegria e a sua satisfação de compra sempre duradoura..."

Ou, usando senso de humor: "Nossa assistência técnica não funciona, nossos técnicos ficam dormindo no emprego o tempo todo porque nossos produtos não dão problemas..."

18. PREÇO-FRETE
Conceito: Se o frete é grátis, o produto está com preço certo.

Argumento: "A qualidade do produto, o bom preço mais o frete gratuito testemunham o bom negócio que o senhor está fazendo... Já imaginou o que significa multiplicar baixo preço por péssima qualidade de transporte..."

19. PREÇO-ATENDIMENTO
Conceito: Se o atendimento é percebido como muito superior por uma classe A como, por exemplo, estacionamento gratuito e muitas coisas do tipo, então, o produto pode custar um pouco mais.

Argumento: "O nosso negócio é satisfação do cliente, personalização e qualidade de serviços junto com confiabilidade e idoneidade. Nós vendemos segurança, paz e alegria e o produto apenas acompanha esses atributos..."

20. PREÇO-SISTEMA DE PROMOÇÃO
Conceito: Se a promoção é mais atrativa e funcional e dirigida ao cliente certo, então, "aquele preço" é sempre o melhor preço.

Argumento: "Sabe, não é o produto que está em promoção, é o preço..." OU: "Nós promovemos para vender mais e não porque vendemos menos..." OU: "A promoção é o retrato do nosso sucesso."

21. PREÇO-EFICÁCIA DE COMPRA
Conceito: Se o fabricante ou revendedor sabe comprar ou negociar melhor as matérias-primas dos produtos/serviços, então pode oferecer melhores preços.

Argumento: "Nosso Departamento de Compras tem os maiores gênios em estratégias de compras. Eles acabam sempre adquirindo o melhor pelo menor; logo, até por uma questão de justiça ao cliente, nós também vendemos o melhor pelo menor..." OU: "O que é mais importante: comprar o melhor para vender bem ou comprar o pior para vender mais barato?"

22. PREÇO-RESULTADOS FINAIS
Conceito: Se o resultado final de um produto é melhor, então, o preço está certo.

Argumento: "Caro é o que não traz resultados, senhor Bruno. De que maneira meu produto não traz resultados para o senhor sendo que tem trazido a milhares de pessoas que, como o senhor, querem mais liqüidez, rentabilidade e economia?"

23. PREÇO-SEGMENTAÇÃO CERTA

Conceito: O melhor preço é aquele que não fere as expectativas das pessoas do segmento, isto é, não é nem mais baixo nem mais alto do que elas acreditam que vale. Nenhum preço pode ser maior que o potencial de compra do segmento ou nicho.

Argumento: "E para um homem de sua posição o que é mais importante: preço certo e qualidade certa ou preço baixo e qualidade incerta?

24. PREÇO-CICLO DE VIDA DO PRODUTO

Conceito: O preço pode variar, em alguns casos, dependendo da situação do produto no CVP — Ciclo de Vida do Produto, ou seja: introdução ou pioneirismo, crescimento, maturidade, obsolescência e declínio. Exemplo: O produto na fase de maturidade pode custar mais para que a empresa cubra os gastos da guerra contra os concorrentes e pode custar menos na fase de declínio para provocar procura.

Argumento: "Este produto quebrou a lei da oferta e da procura. Ele é o mais procurado da praça; no entanto, seu preço não é alto."

25. PREÇO-CONHECIMENTO

Conceito: O pessoal de *marketing* pode alterar um preço estrategicamente quando eles forem conhecidos na praça ou quando o custo é conhecido.

Argumento: "Nossos preços são como nossa empresa: baseiam-se na tradição que temos de não cobrar o preço da tradição, mas em oferecer tradição em preços."

26. PREÇO-OBJETIVOS DA EMPRESA

O preço pode variar dependendo dos objetivos da empresa. Por isso, antes de estabelecer preços, questione: "Quais são meus objetivos mercadológicos? É maximização de lucros? É aumentar minha fatia de participação no bolo? É uma estratégia de penetração de mercado? É uma tática de barganha? É conquistar o volumoso e concentrado segmento D ou E?"

Cada objetivo gera um argumento diferente.

27. PREÇO-FATORES INCONTROLÁVEIS

O preço pode variar dependendo de fatores incontroláveis, como legislação, política internacional, inflação, modismo, concorrentes, tendências, desastres ecológicos, intempéries (exemplo: há uma geada na Flórida e as laranjas do Brasil sobem de preço), etc.

Transformar conceitos de preços em argumentos persuasivos deveria ser uma das funções do vendedor criativo. Mesmo porque criatividade não é a filha do progresso. É a mãe.

Capítulo 20

Para se Superar em Vendas Você Precisa Apenas de um Processo Diagnóstico Inteligente

As Sete Ações Criativas do Vendedor Positivo

Uma das maiores funções do vendedor é ser consultor do cliente.

Pare de soltar palavras ao vento. Faça uma diagnose profunda do cliente objetivando a venda ganha-ganha. Diagnosticar significa investigar, localizar necessidades e problemas, verificar situações de insatisfação, questionar, clarificar, observar incoerências, descobrir o que está na da alma das objeções, etc. Diagnosticar cliente em uma situação é mergulhar fundo nas razões íntimas que bloqueiam decisão de compra (são cinco, lembra-se?), detectar alternativas de mudanças e desenvolver soluções em forma de benefícios aceitáveis por ambas as partes.

Para o sucesso no processo diagnóstico em vendas, identificamos sete etapas, todas terminadas pelo sufixo AÇÃO.

1. AbrangenciAÇÃO
2. ApreciAÇÃO
3. SumarizAÇÃO
4. IdentificAÇÃO
5. EspecificAÇÃO
6. SolicitAÇÃO
7. AdicionalizAÇÃO

1. ABRANGENCIAÇÃO: DEIXE QUE O CLIENTE SE COMPORTE COMO ALVO PARA VOCÊ

Na abrangenciação (neologismo criado por nós), você cria uma conversa num ambiente amistoso e favorável, cumprimenta entusiasticamente seu cliente e começa sua conversa de vendas sobre algo ABRANGENTE, porém, de interesse comum. As perguntas de abrangenciação são para que o cliente fale da empresa, expectativas e opinião para que você localize alvos. Exemplos:

— Geralmente, como a sua empresa vê o problema de acidentes de trabalho? — pergunta o vendedor de capacetes de segurança.

— De que modo é feito o zoneamento de seu território de vendas? — investiga o vendedor de uns mapas de administração de setor.

— Qual a importância que o senhor dá à redução de refugos em sua fábrica? — investiga o vendedor de máquinas industriais.

Na abrangenciação você não está preocupado em acertar no alvo e, sim, em saber se ele existe, em que posição está, qual o tamanho, a forma e quais as chances de atirar.

2. APRECIAÇÃO: DEIXE QUE O CLIENTE COMPREENDA QUE FOI COMPREENDIDO

Depois que o cliente respondeu às suas perguntas de abrangenciação, você revela sua apreciação pela contribuição recebida. Você faz o Cliente perceber que a opinião dele foi compreendida e mais do que isso: foi bem recebida. Para isso, você dá um toque de reconhecimento humano, uma carícia verbal de apoio, um reforço proativo, assim:

— Eu vejo que sua opinião é muito boa. Temos muitos pontos em comum. O senhor é um homem bastante experiente em sua posição, parabéns.

3. SUMARIZAÇÃO: DEIXE QUE ELE PERCEBA QUE AS IDÉIAS DELE ESTÃO EM SUA BOCA

Para isso, sumarize e repita o que ele disse, tomando o cuidado de eliminar os ganchos para discussões. Sumarize para criar empatia, e até o momento em que ele menear a cabeça afirmativamente, querendo, com isso, dizer-lhe que é exatamente isso que você disse que ele quis dizer. Exemplo:

— Em outras palavras, senhor Fonseca: pelo que entendi, o senhor acha que a redução de refugos na fábrica é essencial para se conseguir preço final no produto acabado, pois, se reduz custo inicial por evitar o retrabalho, deixa os operários motivados por alcançarem pontos na campanha de redução de acidentes e melhora a imagem da empresa por causa da qualidade final. Eu entendi correto o que o senhor disse? É isso mesmo?

Ao sentir que o compreendeu, o cliente agrega valor a você, antes de agregar valor ao que você vende. Ele se sente reconhecido por você, pois nós compreendemos as pessoas que amamos.

4. ESPECIFICAÇÃO: DEIXE QUE O ALVO SE POSICIONE POR SI SÓ

Observe que as etapas 2 e 3 (apreciação e sumarização) são, praticamente, extensões da etapa 1 (abrangenciação). Muitas vezes, quando você aprecia a opinião do cliente e sumariza suas idéias, ele, sentindo-se compreendido e enaltecido, se anima a falar mais e mais, muitas vezes expondo coisas e fatos de sua opinião que não tinha apresentado na etapa 1 e isso é ótimo para o profissional de vendas positivo que, cada vez mais, tem diante de si um alvo mais claro e definido.

Nesta etapa, entretanto, você cava as necessidades e desejos de seu comprador; porém, desta vez, especificamente.

Exemplo. O vendedor de capacetes de segurança na abrangenciação perguntou ao cliente como a empresa dele vê os problemas de acidentes de trabalho. Já, na especificação, ele pergunta: "Quais são as colocações específicas que o senhor tem feito a eles, seus empregados, quanto a necessidades de proteger a cabeça?" É importante que a diagnose não vire interrogatório, o que seria improdutivo para todos. Uma das vantagens da etapa 4 é deixar que o cliente especifique suas necessidades e desejos e coloque o alvo cada vez mais perto da arma dos benefícios que será atirada. Na abrangenciação, é como se você deixasse o Cliente dizer: "O meu alvo existe." Já, na etapa 4, especificação, é como se ele dissesse: "E é aqui que você tem que atirar, vá por esse caminho que você acerta."

Suponhamos que o cliente diga: *"O que eu quero mesmo na minha empresa é que eles tenham produtividade."* Esta é uma resposta abrangente, você não pode atirar sem antes ter em mãos detalhes importantes pertinentes. Para isso, pergunte: "Para algumas pessoas, produtividade é ser eficiente, isto é, fazer certo as coisas. Para outras pessoas, produtividade é ser eficaz, isto é, fazer as coisas certas. Para outras mais, é fazer certo a coisa correta e sempre da primeira vez. Para outras, é aumentar lucros. E, para o senhor, o que é produtividade?"

A especificação serve para você medir os resultados que o cliente pensa serem necessários para se ter 100% de satisfação. Se descobriu que ele tem 85% de satisfação, você achou, pela diagnose, o espaço que faltava, o buraco de insatisfação que é a sua oportunidade de atendimento e venda. É como se o cliente lhe dissesse: "Bem, eu tenho uma porta fechada com uma fechadura. Você acaba de descobrir o buraco dela. Mas, você tem a chave?"

5. IDENTIFICAÇÃO: PEÇA AO CLIENTE QUE DÊ NOTAS AO NÍVEL DE SATISFAÇÃO

A finalidade da etapa 5 do processo diagnóstico é você mostrar que o buraco, ou vácuo encontrado é a diferença entre o que é e o que deveria ser, entre o previsto e o acontecido, entre o desejado e o realizado, entre o ideal e o real. Vamos exemplificiar:

Na etapa 1, abrangenciação, você pergunta para começar a venda de um jogo de uma espécie de panela especial de nutrição: "Como a sua família e o senhor encaram a boa alimentação balanceada?" OU: "Até que ponto a sua família está envolvida com nutrição e saúde?"

Suponhamos que a resposta do Cliente seja: "Bem, nossa filosofia aqui em casa é comer bem sem gastar muito." Escutado isso, você passa para a etapa 2, a apreciação, isto é, aprecia a opinião dele, reforça, elogia, concorda, acaricia o ponto de vista dele. Depois de sumarizar, parte para a etapa 4, especificação, assim: "E que ingredientes devem estar presentes para acontecer boa qualidade com baixo custo?" Agora passa para a etapa 5, identificação, isto é, identifique o vazio entre o que é e o que deveria ser. Pergunte: "Uma panela que cozinhe a vapor, conservando o sabor e a qualidade natural dos alimentos, é importante para a saúde da sua família? As novas descobertas de cozinhar com saúde e sabor estão recebendo do senhor e da sua família desempenho máximo? Que nota o senhor daria para a realidade hoje em sua cozinha? Que nota o senhor dará para a arte de se alimentar com zero bactérias e zero contaminações em sua casa hoje?"

Quando você pede ao cliente que dê notas ao seu nível de satisfação e que avalie o desempenho alcançado, você observará que ele só terá duas respostas a dar.

Está chegando a sua grande chance de vender.

6. SOLICITAÇÃO: RECONHEÇA NO PROBLEMA DOS OUTROS A SUA GRANDE OPORTUNIDADE DE OFERECER SOLUÇÕES

Depois que o seu cliente reconheceu a dissonância entre o previsto e o acontecido e percebeu o buraco entre o que é e o que poderia ter sido e se sente tomado por um sentimento de insatisfação, é agora que você, vendedor, deverá ver neste vácuo a grande oportunidade de solicitar uma ação de fechamento. O buraco de insatisfação, no caso das panelas que cozinham a vapor, é o alerta que fez para o problema de se ingerir bactérias e comer contaminações pensando que se está se alimentando bem. O cliente inquieta-se e responde: "Esse é um problema grave, preciso me preocupar com ele já!"

É aí que você entra com argumentos de ouro: "O senhor pode me dar uma chance de eu fortalecer seu filhinho com uma boa alimentação?" OU: "Posso minimizar a distância que existe entre o que acontece e o que poderá acontecer daqui para a frente?"

Mas, suponhamos que ele tenha respondido à sua pergunta assim: "Ora, eu dou nota 10 para a *performance* de minha mulher na cozinha. Quando o assunto é alimentação, eu me dou nota máxima."

Essa é a sua oportunidade de usar a etapa 7:

7. ADICIONALIZAÇÃO: NADA É TÃO ÓTIMO QUE NÃO POSSA SER MELHORADO

Quando o cliente diz que seu nível de necessidade é 10, que está totalmente satisfeito com o atendimento que já vem tendo (por outra empresa que não a sua, claro), então, nesse caso, você aprecia o sucesso dele, sumariza seus ótimos resultados e leva o provável comprador a desejar algo maior que o ótimo, mais que cem por cento, como se uma dimensão maior rompesse o máximo possível que é o já excelente. A etapa 7, adicionalização, exige criatividade, paixão e iniciativa vencedora.

Você diz:

— O senhor me concede uma oportunidade para acrescentar uma coisa ao já excelente nível máximo de resultados que o senhor vem conseguindo? OU: "Se nós pudéssemos adicionar algo mais à sua filosofia de comer bem sem gastar muito, acha que é um excelente negócio?"

Lembre-se: o esforço e cansaço mental do ato de vender é sempre proporcional à estúpida tentativa que o vendedor faz de prognosticar antes de diagnosticar.

E diagnosticar, entre outras coisas, é você passar por sete etapas. Sucesso!

Capítulo 21

A Superação não Tem Sexo

Vendedora: Você é Demais!

Lugar de mulher é na cozinha? No tanque? NÃO!
Lugar de mulher é em vendas. Entenda o grande avanço e vantagens das mulheres na área comercial e saiba por que as empresas e o mundo seriam melhores se as mulheres estivessem no poder.

Quem vende mais? O homem ou a mulher?

Bem, este não é o ponto importante.

O que é bom de se dizer é que, durante décadas, os homens têm dominado o campo das vendas, mas, felizmente, as coisas têm mudado: as mulheres avançam e com tanto sucesso que muitas empresas comerciais já estão percebendo o valor e o diferencial delas na arte de persuadir e convencer.

A grande descoberta é que apenas o fato de ser homem ou mulher não tem vantagem nenhuma, isoladamente, na arte de vender. Há homens que são um fracasso em vendas, há mulheres que são uma tristeza em vendas — o que conta é o ser humano profissional. Mas, embora vendas não tenha sexo, temos que pensar assim: quando se torna uma profissional excelente, há uma tendência notada no mercado de que as mulheres têm mais resultados do que os homens.

As razões para isso são, entre muitas, as seguintes:

1. A MULHER TEM MAIS DISCIPLINA E ORGANIZAÇÃO PESSOAL DO QUE O HOMEM

Observando equipes mistas de vendas, há muito que se observa que o senso de organização e a força da disciplina estão mais presentes na mulher. E o que é vender a não ser também o casamento da disciplina com a organização? Estas duas características são escadas para o sucesso. Se você acrescentar energia e ousadia ao que você naturalmente já tem, então, se tornará imbatível e chegará além do topo. É um grande ponto a seu favor.

2. A INTUIÇÃO NA MULHER É MAIS FORTE

Intuição não é força sobrenatural, é a percepção natural do caminho a seguir, é quando um "clic" nos aponta direções até mesmo negando algumas lógicas racionais. A mulher tem mais intuição que determinado cliente não pode ficar sem ser visitado, que não se deve ir embora sem antes bater à porta daquela última empresa, etc. Intuição ajuda a fechar mais negócios. Intuição com sensibilidade são armas fortes na mulher vendedora. Um ponto a mais.

3. A MULHER GANHA EM VISIBILIDADE E RECEPTIVIDADE

Tem alguém que duvida que a mulher é mais bem recebida que o homem? Ou mais percebida? Não estamos falando aqui da chamada sedução da aparência ou do visual da atração — recursos esses que são, muitas vezes, usados por vendedoras de inteligência emocional empobrecida e que são rejeitados pela inteligência multifuncional da mulher moderna. Uma mulher que evita acessórios extravagantes e que não exagera no visual tenderá a ser notada como uma pessoa de personalidade marcante e isso facilitará sua venda. Há uma verdade no ar: a mulher olha mais para a mulher (ou olha primeiro para a mulher) e o homem nota mais a mulher. Nos fatores visibilidade e receptividade em vendas, ser mulher é um ponto a mais. Um ponto a mais. De novo.

4. OS OUVIDOS DAS MULHERES SÃO MAIORES DO QUE OS DOS HOMENS

A mulher tem mais capacidade de ouvir do que os homens. Dizer que mulher fala mais que a boca e, por isso, não terá sucesso em vendas, é coisa do passado. A própria natureza faz com que ela preste mais atenção aos detalhes, olhe mais nos olhos, perceba mais a obviedade e anote mais o que o cliente fala. Por ouvir mais, isso faz com que ela encontre mais alternativas e saídas criativas do que os homens.

5. A INICIATIVA PARA SUPERAR DESAFIOS É MAIOR NA MULHER

Neste item, os pontos quase se equivalem, mas, a mulher ganha em determinação e resistência à pressão. Entre dois seres humanos eficazes: um homem e uma mulher, ambos desquitados ou divorciados, com filhos para criar, por exemplo, há uma notada percepção de que a mulher tende a superar com mais garra seus problemas e desafios. A mulher tende a suportar mais as dores das dificuldades e ter mais êxito quando a questão é superação pessoal e profissional. Bota mais um ponto para elas!

6. O ESPÍRITO DE SUBORNO E CORRUPÇÃO NA MULHER É MENOR

Num mundo onde o desejo de ganho supera a ética, ou onde a ética situacional corrompe a espiritualidade de quem quer customizar e fidelizar em vendas, não deixa espaço para a corrupção. Há compradores que adoram o ICM — Incentivo ao Comprador Moderno ou o PF (o famoso Por Fora) etc. Para muitas empresas, esse é um terrível e incontrolável problema. Mas, muitas dessas organizações estão fazendo uma grande descoberta: o instinto da maternidade praticamente bloqueia ou "vacina" a mulher contra a tentação da corrupção ou, na melhor das hipóteses, essa tentação é menor. Se as mulheres estivessem no poder, o mundo social e político seria melhor porque a corrupção é a mãe da miséria. Há exceções, é claro: porém, prefeitas, vereadoras, deputadas, senadoras, etc., têm menos casos de corrupção, respeitando, obviamente, as proporções. Onde a mulher domina, a miséria é menor. Bem, mas como caráter não tem sexo, vendedor e vendedora estão no mesmo nível — um não tem vantagens sobre o outro, quando o assunto é ética. Homem e mulher não são melhores eticamente por causa do instinto, aptidões, diferenças químicas e fisiológicas ou peculiaridades e, sim, porque possuem valores que lançam fora o desejo por comportamentos que não combinam com um mundo em que ser malandro é ser honesto.

7. A MÁGICA DA RESPONSABILIDADE NA MULHER É MAIOR

Você sempre ouviu falar que uma menina amadurece mais cedo que um menino. Uma menina de 17 anos, em muitos casos, está pronta até para casar. Mas você consegue imaginar um menino de 17 anos casando na plenitude de sua responsabilidade? Embora também responsabilidade não tenha sexo, minha observação tem sido de que esse amadurecimento mais cedo concede, muitas vezes, à mulher, mais responsabilidade perante a vida e por suas ações. Não são poucos os gerentes de vendas que pregam que, quando o item é responsabilidade, a mulher tem um ponto a mais.

8. AS SECRETÁRIAS ESTÃO MENOS "VACINADAS" CONTRA VENDEDORAS

Entre dois seres humanos excelentes na arte de abordar e introduzir uma venda, sendo um homem e outro mulher, há uma notada tendência de a vendedora ter mais sucesso. Entre as muitas razões, está o fato de uma vendedora não se dirigir a uma secretária usando termos como "meu amor", "fala, doçura" e outros chavões do repertório masculino do tempo-do-onça.

Bem, depois de ganhar tantos pontos, sabe qual é a moral da história?

CONCLUSÃO: MULHER! — É CHEGADA A SUA HORA!

Nunca, na história do planeta, você, mulher, teve tantas oportunidades como agora! Nunca foi tão disputada comercialmente como hoje! Nunca os caçadores de cabeça estiveram tão à procura de você! Nunca esteve tanto sob foco das luzes dos recrutadores de talentos humanos! **MULHER, VOCÊ É DEMAIS!**

Capítulo 22

Vá Além da Superação

Bem, chegamos ao último capítulo do livro. Mas há quatro ações que você precisa fazer se quiser ir além da superação. A primeira delas é ter uma energia inquietante para ultrapassar seus limites, isto é, precisa se acelerar para as novidades sem esquecer os velhos truques do passado que dão certo. A segunda ação é rever seus conceitos antigos e deixar de acreditar sinceramente na coisa errada. A terceira ação é ter controles estatísticos para crescer gradativamente em direção a resultados mensurados. E, por fim, é preciso acrescentar a tudo isso a espiritualidade que acalma a mente e dá paz ao espírito. Com paz de espírito, você vende sem estresse e atrai mais clientes encantados. Em outras palavras: a melhor das superações é seguir o exemplo do Maior do Universo. Assimile essas quatro ações e mais sucesso ainda para sua vida e venda.

A História do Peixinho que Aprendeu a Respirar Fora D'Água

ERA UMA VEZ um vendedor que tinha um aquário com um peixinho cor de ouro reluzente. Toda semana o profissional de vendas limpava o aquário assim: colocava o peixinho em cima de um pires e, rapidamente, trocava a água ou tirava alguma sujeira. O vendedor fazia tudo isso olhando para o pires a fim de não deixar o peixinho morrer. Assim que percebia que o peixinho estava com falta de ar e estrebuchava, o Vendedor pegava-o imediatamente e jogava-o no aquário. *Ufa! Essa foi por pouco*! O peixinho já estava até acostumado, pois há meses e meses que seu dono agia desta forma para limpar o aquário. Um dia, o peixinho estava no pires quando o telefone tocou. Do outro lado da linha, era a voz doce e desejada de uma mulher. *"Oi!, amor, que bom que você ligou, eu estava com tanta saudades! E aí? Está pensando muito em seu príncipe apaixonado?"* E a conversa vai e voa e voa e vai. Duas horas depois, o Vendedor coloca o fone no gancho e dá um grito: *"Meu peixinho! Meu peixinho! Eu esqueci* *do meu peixinho!*" Quando chegou, cheio de dó, perto de seu amiguinho nadador, o vendedor leva outro susto: o peixinho respirava normalmente como um humano. Ele aprendeu a respirar fora da água. O homem ficou famoso e rico. Foi no *Programa do Faustão*, no *Domingão do Gugu*, no *Jô Soares*, na *CNN* e em quase todas as mídias de massa do Planeta demonstrando e provando o que as pessoas só acreditavam vendo: um peixe que respirava fora d'água. O tempo passou. Um dia, o homem conversava com um cliente, sempre com seu peixinho no bolso da camisa, quando começou a chover. Pensou em voltar para casa, pois a chuva ameaçava aumentar. O vendedor corria para escapar da chuva sempre com seu peixinho no bolso da camisa quando tropeçou numa pedra do caminho. No acidente, o peixinho foi parar dentro de uma poça de água. O homem levantou-se do tombo, sacudiu a sujeira e ficou desesperado em busca de sua riqueza preciosa. *"Achei! Achei! Ele está dentro desta poça d' água."* Quando foi ver, o peixinho estava morto. AFOGADO! Quer saber a moral desta história?

MORAL DA HISTÓRIA:
Não adianta querer aprender coisas novas na arte de vender, se você esqueceu ou é contra os velhos recursos eternos do passado que deram certo. De nada vale você ser um *expert* em receitas inéditas de vendas da era da globalização, se esqueceu que, muitas vezes, a excelência consiste em não reinventar a roda. Em outras palavras: não adianta querer aprender a respirar fora d'água sendo que, quando voltar a ela, você morre afogado. De nada vale um profissional de vendas aprender sobre neurolingüística, inteligência emocional, inteligências múltiplas, dialética moderna e técnicas de *marketing* motivacional, sendo que ele se esqueceu das dez coisas simples, práticas e funcionais, que são: 1. Sorria para o cliente; 2. Cumprimente com empatia; 3. Elogie citando um mérito real; 4. Seja cortês no atendimento; 5. Abra mais os ouvidos e menos a boca; 6. Saiba ouvir para compreender e não para responder; 7. Olhe nos olhos demonstrando atenção ativa; 8. Pronuncie o nome do cliente várias vezes na conversa sedutora; 9. Visite mais e reclame menos e 10. Seja ético para convencer e vencer. Há uma tendência de se espalhar por aí que estamos na era da imprevisibilidade louca (o que é verdade) e que é preciso romper com o passado, atualizar paradigmas com descontentamento criativo e ser dirigido pela inovação contínua. Tudo bem. Mas não é por causa disso que você vai esquecer as regras eternas que ainda dão certo. Muitas vezes, novidade é a moda antiga redescoberta e reinventada, mas, são poucos os que percebem isso. Inteligência emocional é uma reinvenção da antiga análise transacional. *Empowerment* é a delegação de poderes dita em outras palavras. *Benchmarking* é a antiga criatividade adaptadora. O que a neurolingüística chama hoje de *rapport* já era conhecido como *estabelecer confiança e relacionamento positivo* pelos velhos professores de vendas da década de 40. E pasme: 70% das técnicas usadas para se vender pela internet são tiradas de recursos antigos com enfoques novos. Desde que a serpente ven-

deu a Eva a idéia de comer a maçã, a arte de persuadir mudou muito na forma, mas, pouco na essência. Assim como competência não tem cor (vendedores negros e brancos são todos iguais) e excelência não tem sexo (entre um homem e uma mulher, vende mais quem se preparar mais), também técnicas de venda não têm idade. O importante é perguntar: "Ela funciona ou não? É manipuladora? É possível adaptá-la aos novos tempos? De que forma posso apresentar uma técnica antiga de forma especial para esse cliente especial?" Por ser uma pessoa fascinada por tudo que é novíssimo, você corre o risco de dar muita bola para os gurus de plantão das novidades e de romper com o que sempre deu certo. Para se superar em vendas, seja um peixe tão criativo e um fanático tão histérico pela inovação a ponto de você aprender a respirar fora do rio. Mas, cuidado para não morrer afogado nas águas de seu dia-a-dia de vendas.

PARE DE SER SINCERO

Algumas pessoas dizem que a sinceridade é a chave do êxito em qualquer área para se atingir o máximo em superação. Elas pregam que, se você acredita em si mesmo com ímpeto vencedor e é sincero com o conjunto de valores que adquiriu, por certo deu o primeiro passo para o sucesso profissional. Parece loucura negar isso.

Mas ouça essa história real:

Em 1930, a equipe da Geórgia disputava uma clássica partida de futebol norte-americano com seus mais temidos adversários, os jogadores da Universidade da Flórida.

O futebol norte-americano requer visão de gol, estrutura física invejável, determinação, disciplina e decisão de vencer, pois não é fácil ser derrubado por um adversário brutamontes e, em segundos, ter cinco a 10 homens em cima de você imobilizando-o.

Faltavam 30 segundos para a histórica partida terminar quando o capitão de um dos times pega a bola e corre em direção ao gol. Mas é derrubado. Tantos são os jogadores que ficam em cima, que ele se levanta tonto como um bêbado e mais desbaratinado que barata tonta e, sem noção de localização, corre, corre e corre... em direção ao seu gol, o gol de seu próprio time e marca o único ponto da partida, gol contra que deu a vitória ao adversário.

No outro dia, os jornais publicaram a seguinte reportagem com títulos garrafais: ELE FOI O JOGADOR MAIS SINCERO NO CAMPO, MAS, MESMO ASSIM, SEU JOGO ESTAVA PERDIDO.

Que pena! Ele era o mais sincero, mas, sua sinceridade entregou a vitória ao adversário.

Coisa triste é você ser o profissional certo, ter a torcida certa, a bola certa, a emoção certa, o objetivo certo, a empresa certa, o cargo certo, o cliente certo, o produto/serviço certo, mas correr na direção errada.

MORAL DA HISTÓRIA

1. A sinceridade não leva ninguém para cima se o alvo é um abismo para baixo. Não é errado ser sincero, errado é ser sinceramente errado.

2. Não confunda sinceridade com honestidade. A honestidade é imutável, a sinceridade, não. Ontem você era sincero, sendo palmeirense. Hoje você é sincero, sendo corintiano. Note que sinceridade não tem nada a ver com fidelidade. Hoje você é sincero vendendo os produtos da sua empresa. Amanhã, o concorrente oferece-lhe um salário maior e você vai vender com sinceridade os produtos dele. Note, de novo, que sinceridade não tem nada a ver com lealdade.

3. Ser sincero no erro é errar duplamente. Você pode ser sincero na teimosia em acreditar no erro ou com idéias inflexíveis, mas nem por isso sua sinceridade o salvará do fracasso em um mundo em mudanças predatórias se não agir certo.

4. A pior droga do mundo é acreditar certo na coisa errada. Ou acreditar errado na coisa certa. Ou, o pior, que é acreditar errado na coisa errada.

5. Se para vender você precisa mais de esforço do que de entusiasmo, algo está errado: mude já suas formas de trabalhar. Mas de nada adianta entusiasmo certo no esforço errado. Os dois juntos geram emoções competentes e produtividade máxima.

6. Antes de ser sincero com aquilo que você acredita, faça uma revisão de seus objetivos, princípios, crenças e valores (da área profissional, financeira, familiar, física, espiritual, etc.). Requestione suas idéias. Ressignifique suas metas. Reformule seus conceitos. Redefina seus métodos de trabalho. Para isso, pergunte sempre: "O mundo mudou e eu ainda não? O que eu estou sendo, fazendo e tendo, está dentro da realidade aceitável? Posso medir os resultados para saber se os objetivos estão me levando para onde defini chegar?" Assim como o jogador de nossa história, são tantas as pressões profissionais em cima de nós que estamos tontos debaixo delas. É preciso que tenhamos foco e alvo, empenho e desempenho, potencial e *performance*, ação e reação na direção certa de nossos resultados certos. Sob pressão, gerencie suas dificuldades e limitações. Mesmo sob pressão, não perca seu roteiro emocional para encantar e fidelizar clientes, pois, esse é o gol certo no jogo das vendas. Use sua inteligência espacial para determinar corretamente o estado mental de vencedor. Já dizia Sêneca, babá de Nero, há séculos: "Quem não sabe para onde vai, qualquer vento é desfavorável." Mesmo que ao leme esteja um profissional sincero.

SUPERE A SI MESMO COM QUATRO TAXAS FANTÁSTICAS

Ou: Como ser um apaixonado, doidão por relatórios

Eu sei que você detesta fazer relatório! Quase ninguém gosta!

Mas, os profissionais vencedores, sejam vendedores externos ou internos ou *telemarketing*, sabem que quem se orientar pelo esquema das 4 taxas se tornará campeão. São as seguintes:

1. TPV — Taxa percentual de VISITA
2. TPC — Taxa percentual de CONTATO
3. TPE — Taxa percentual de ENTREVISTA
4. TPF — Taxa percentual de FECHAMENTO

O profissional da persuasão deve saber que visita, contato, entrevista e fechamento, embora interligados no processo das vendas, devem ser tratados separadamente.

Há vendedores que precisam, por exemplo, de 10 Visitas para conseguir quatro Contatos. Por exemplo: você visitou um cliente mas a secretária disse que não estava, ou estava em reunião ou que acabou de sair, etc. Outros precisam de 10 Contatos para conseguir seis Entrevistas. Exemplo: você chegou a cumprimentar o cliente, isto é, fez o Contato mas este adiou a demonstração dizendo que acabara de ser convocado para resolver um problema urgente, etc. E há outros vendedores que precisam quatro Entrevistas para conseguir um Fechamento, isto é, realizar a venda.

A grande pergunta que você precisa fazer a si mesmo para se superar em vendas é:

Partindo da idéia básica de que visitas geram Contatos, Contatos geram Entrevistas e Entrevistas geram Fechamento, qual é minha média? Isto é: quantas visitas você precisa fazer para conseguir quantos Contatos? Quantos contatos você precisa fazer para conseguir quantas Entrevistas? E quantas Entrevistas lhe dão um Fechamento? Em outras palavras, qual é sua TPV, TPC, TPE e TPF?

Partindo também dessas idéias, um relatório moderno fundamental de vendas deve conter os seguintes itens:

Ord.	V	C	E	F	P	O	M	T	N	NI	CDC	FO	NPE	DSV	DUV	LAF

LEGENDA: veja o que essas siglas significam:

Ord — Ordem; V — Visita; C — Contato; E — Entrevista; F — Fechamento.

P — Pendências (o que está faltando para a venda ser feita, o que foi deixado para depois)

O — Objeções (que tipo de negativa ou objeções o cliente fez)

M — Manhã; T — Tarde; N — Noite (aqui você fica sabendo qual seu biorritmo, isto é, pode acontecer de você descobrir que é melhor vendedor pela Tarde ou pela Manhã).

NI — Novas Indicações (quantas indicações você solicita após a Entrevista); CDC — Compra do Concorrente; FO — Filão de Ouro (é um cliente para se dar atenção especial); NPE — Nada Por Enquanto (Vendedores vencedores sabem que clientes não rejeitam, apenas dizem Não, por enquanto); DSV — Deve Ser Visitado novamente; DUV — Data Última Visita; LAF — Licença, Atraso ou Falta (descrever os motivos por que o vendedor não visitou aquele cliente).

HÁ MIL E UMA VANTAGENS NESTE RELATÓRIO. VEJA ALGUMAS

1. O profissional de vendas trabalha por coeficientes de resultados. Ele precisa descobrir, por exemplo, que, para fazer três vendas, precisa de 10 entrevistas. Ora, com essa informação sobre sua *performance*, ele pode definir e descrever objetivos de crescimento pessoal, do tipo: Aumentar meus resultados percentuais de fechamento que são de três vendas para cada 10 entrevistas para quatro vendas para cada 10 entrevistas até... (datar).

2. Ao analisar seu relatório, o futuro campeão sabe onde estão os pontos fracos e monta planos de superação profissional. Ele fica sabendo, por exemplo, que está fraco na abertura da venda, pois fez 12 visitas para conseguir apenas dois contatos. Ou que está deficiente na abordagem ao cliente, pois fez sete contatos para fechar um negócio. É preciso sempre se autodiagnosticar.

3. Esse relatório produz automotivação crescente. Se você descobriu que, para fechar uma venda, precisa ouvir três NÃOS, então, isso é automotivador no processo da superação, pois da próxima vez que ouvir NÃO pensará: Ora, mais dois NÃOS e eu venderei a seguir. Já imaginou na grandeza e na dignidade de ficar motivado diante das negativas e objeções? Se você não entende ou não aceita isso, a tendência é pensar: A crise está brava; além do mais, acho que não me dou bem neste negócio de vendas.

4. Você, baseado neste sistema, monta táticas de superação. Você poderá dizer: Aquele outro vendedor tem um coeficiente de fechamento melhor do que o meu. Ele visita quatro clientes e vende para três. Vou sair uma semana com ele para aprender seu segredo. OU: Vou fazer um curso de superação em vendas para crescer cada vez mais e atingir a excelência.

5. O gerente terá maior controle positivo sobre seus resultados para montar, junto com você, os planos de crescimento em vendas. No item O — de Objeções, você fica sabendo que objeções estão sendo feitas no mercado e quais as técnicas de respostas que mais dão certo hoje. Relatórios não são chatos. Eles são a ponte de sucesso para você superar seus limites e atingir a prosperidade. A partir de agora, pegue seu relatório diário pela mão e confesse: Eu amo você!

Siga o Maior do Universo: Se Jesus Fosse Vendedor

Se Jesus fosse vendedor...
Se Jesus fosse vendedor Ele visitaria pessoas e não clientes.
E Ele pensaria no coração, não no bolso.
Se Jesus fosse vendedor...
Se Jesus fosse vendedor Ele só usaria uma só técnica de venda: o Amor.
Se Jesus fosse vendedor...
Se Jesus fosse vendedor Ele encantaria pela missão, não pela comissão.
Se Jesus fosse vendedor...
Se Jesus fosse vendedor Ele trataria as pessoas não como fichas, números ou talões de pedidos...
Se Jesus fosse vendedor...
Se Jesus fosse vendedor Ele ofereceria pós-vida e não pós-venda.
Se Jesus fosse vendedor...
Se Jesus fosse vendedor Ele visitaria para beneficiar, não para faturar.
Se Jesus fosse vendedor...
Se Jesus fosse vendedor Ele não teria medo de fracassar, pois a confiança em Deus joga o medo por terra...
Se Jesus fosse vendedor...
Se Jesus fosse vendedor Ele transformaria consumidores em seguidores e clientes em fiéis, pois fidelizar é ter resultados...
Se Jesus fosse vendedor...
Se Jesus fosse vendedor Seus produtos seriam o Caminho, a Verdade e a Vida.
Mas acontece que Jesus nunca foi vendedor.
E sabe por quê?
Para que, com Ele, eu me tornasse o melhor vendedor do Mundo.

(Maurício Góis)

Para seu Próximo Encontro, Congresso ou Convenção, Promova uma Palestra com Maurício Góis

MÍDIA:
"Maurício Góis atrai pelo início, emociona pelo meio e impressiona pelo fim. É um dos professores mais impactuais do Brasil."
JORNAL DA TARDE, Bahia

"Maurício Góis foge da teorização indigesta e vai direto ao assunto com a leveza de quem conta uma história."
FOLHA DO COMÉRCIO

QUEM CONTRATA, GOSTA:
Veja no *site* os depoimentos das empresas, os testemunhos de quem já participou e a opinião da mídia.

PALESTRAS INÉDITAS:
Escolha uma delas e peça uma proposta agora:
( ) Como Viver e Trabalhar com Emoções Inteligentes
( ) Técnicas de Venda de Alta *Performance*
( ) Motivação de Alto Impacto
( ) Bote o Concorrente pra Correr!
( ) *Marketing* e Criatividade
( ) Desperte o Campeão que há em Você!
( ) Líderes que Fazem Acontecer
( ) Transformando Filhos em Águias

Visite *site*: **www.mauriciogois.com.br**
Fale com o autor: **contato@mauriciogois.com.br**

Nota do Editor
A Madras Editora não participa, endossa ou tem qualquer autoridade ou responsabilidade no que diz respeito a transações particulares de negócio entre o autor e o público.
Quaisquer referências de internet contidas neste trabalho são as atuais, no momento de sua publicação, mas o editor não pode garantir que a localização específica será mantida.

VOCÊ É ÉTICO:
MAS NEM TODO MUNDO É COMO VOCÊ!
É preciso fazer um alerta:
1. Copiar livros ou permitir que outros o façam é CRIME.
2. Desonesto não é apenas quem rouba um banco, mas também quem faz cópias ilegais de livros violentando os direitos autorais.
3. Quem faz cópias de livros está sujeito a processo, prisão e a pagar indenização (Lei 9.610/98).
USE O DISQUE-DENÚNCIA:
Denuncie à Associação Brasileira de Direitos Reprográficos
São Paulo: 11 — 3326-8523, fax: 11 — 227-2539
Avise também aos editores e ao autor da obra.